Exercise Psychology

锻炼心理学

◎司　琦　编著

ZHEJIANG UNIVERSITY PRESS
浙江大学出版社

序　言

随着经济、社会的发展和人类生产与生活方式的转变，久坐和缺乏体力活动已成为举世公认的公共卫生和社会问题，它们被确认是导致心脑血管疾病、超重与肥胖、2型糖尿病、骨质疏松、直肠癌等恶性肿瘤、高血压、焦虑和抑郁等身心疾病的主要危险因子，同时也是影响个人健康满意感、生活满意感等主观健康和心理感受的重要因素。世界卫生组织前总干事布伦特兰博士在2002年世界卫生日的报告中明确指出，体力活动不足或久坐的生活方式已成为全世界引起死亡、疾病和残疾的前10项原因之一，每年约造成190多万人的死亡。然而，面对这一严酷的现实，很多人并未感到灾祸临头，从而唤起足够的重视，而是习以为常，自我辩解，以为厄运不会落在自己的头上。以最近的一些研究报道为例，美国目前约有45%～60%左右的成年人没有参加足够的体力活动；加拿大有63%的成年人没有参加足够的体力活动，女性缺乏活动的比例(67%)高于男性(58%)；欧盟15国国民体力活动的调查结果也显示，平均有57.4%的人在过去的7天里未参加过剧烈体力活动，40.8%的人没有参加过中等强度体力活动，全欧盟国家只有31.1%的人在过去的1周里参加过4～7天的中等强度体力活动。显然，合理解读上述这些"明知故犯"和"知而不行"的健康相关行为问题，促使更多的人参加体育锻炼并养成良好的锻炼习惯，需要体育学术理论界从蕴藏其后的社会、文化和心理根源进行深度思考和细致研究，由司琦博士撰写的《锻炼心理学》展现给我们的正是多年来国内外专家学者对此进行思考和研究的主要成果和基本观点。

锻炼心理学研究虽然起步较晚，但是发展迅速，成果丰硕。早在2001年，我在德国Kiel大学从事访问研究期间，时任欧洲运动心理学会副主席的Janssen教授就曾给我讲授锻炼心理学的理论，传授群体锻炼行为析因分析和制订群体行为干预策略的方法，从那时起这门新兴学科便在我的脑海里留下了深刻的印象。回国后，我曾试图了解国内锻炼心理学的研究状况，传递国外学者的研究信息，推进国内锻炼心理学的研究，但所能查阅的研究文献寥寥无几。2001年有幸拜读了北京体育大学张力为教授等编写的《体育运动心理学研究进展》,书中首次在国内将传统的运动心理学明确划分为竞技心理学、体育心理学和锻炼心理学三个基本部分,这让我看到了锻炼心理学在国内发展的曙光。时隔5年,华东师范大学出版社出版了华东师范大学季浏教授主编的国内第一部锻炼心理学著作《体育锻炼与心理健康》,至此锻炼心理学在国内已经有了相当规模和水平的发展,成为体育科学大家族的一名重要成员。而今,若以"锻炼心理学"作为主题词进行检索,可以轻易查找到许多高质量的研究文献,看到一大批年富力强的学者们的身影,这不禁让我感慨社会需求对学科发展的巨大推动作用,感叹国内学者的智慧和才能,让后来者有了居上的势头。时下,在距离北京2008奥运会开幕不到2周的时间里,司琦博士将其平生第一本学术著作《锻炼心理学》放在了我的办公桌上,看着那张自信而又略显疲惫的脸,我已经知道了这本书的份量!司琦博士早年毕业于武汉体育学院运动心理学专业,后赴韩国的首尔国立大学师范学院体育教育系,专攻锻炼心理学研究并获得博士学位。《锻炼心理学》以一种"大道多容"的心态,结合个人的研究体会,全方位地展示了锻炼心理学的发展历史、锻炼行为理论、锻炼行为模式、锻炼心理效应、锻炼影响因素和锻炼行为养成等一系列锻炼心理学基础理论和实践应用研究的最新成果,同时披露了许多新观点、新材料,弥补了国内该领域研究的不足,是一本难得的锻炼心理学学术著作。衷心希望该书的出版能够对我国锻炼心理学研究有所帮助和启迪,为推进我国锻炼心理学学科建设作出新的贡献。

王　健

2008年7月24日于浙江大学西溪校园

目　录

第一章 绪 论

如果你是体育专科院、系的学生，如果你是社区社会体育指导员，如果你是健身俱乐部的教练，如果你是从事与《全民健身计划纲要》有关的工作，假想当你遇到以下情况的时候，你将会如何处理呢？

【案例 1】

个体 A 知道通过参加体育锻炼可以减肥，但他（她）有以下几方面问题难以克服：(1)由于身体肥胖臃肿，他（她）不愿在公众场合参加锻炼；(2)坚持锻炼数月后，仍无法看到积极的减肥效果；(3)旁人对他（她）的评论，让他（她）对自己的体重越来越敏感。数次的反复，他（她）对自己的体重越来越没有自信，同时对锻炼的认识也越来越消极。

【案例 2】

个体 B（女性）每天工作 8 小时后，回家要做家务，照顾小孩、丈夫。除了每天抱怨工作压力大，身心疲劳以外，自己表示根本不可能抽出“多余”的时间去参加锻炼。“没时间”成为青壮年工薪一族无法参加锻炼的最主要原因。他们真的是没有时间吗？

【案例 3】

《第二次国民体质监测公报》结果显示：20～39 岁年龄段成年人体质总体水平有所提高，其中，身体形态、机能水平有所下降。机能水平的下降将直接影响到这一年龄阶段人群的工作、学习和生活效率。仇军在《中国体育人口的理论探索与实证研究》中也指出：26～45 岁年龄阶段的人群，参与体育锻炼的人数急剧下降。当问及这一年龄阶段的人群为何不参与锻炼时，他们多回答：“目前对我们最重要的是事业、成功和金钱，年轻时我们用健康换金钱。”工作和健康真的不能两全吗？

当你考虑如何改变上述人群的想法、感受和行为时，你就已经开始进入锻炼心理学的领域了。

第一节　什么是锻炼心理学

古人说,“千里之行始于足下”。通向身心健康,抑或是健康生活方式的道路也在我们每个人脚下。但遗憾的是,大量研究结果和事实报告却证明:只有相当少数的普通人行走在这条“康庄大道”上。那么,为什么会出现这种现象呢?这其实是一种“番茄效应”(potato effect)。那么,什么是“番茄效应”呢?

“番茄效应”这个词来源于此种水果在北美地区的贸易史。番茄最早生长在秘鲁,随后传入西班牙、意大利、法国及大部分欧洲国家。到了1560年,它已经在欧洲人的餐桌上扮演着非常重要的角色。但在此时的北美地区,番茄却被认为是一种有相当毒性的东西。这种认识的产生是因为番茄属于茄属植物家族的一种水果,而人吃了几种特定的茄属植物(如颠茄、龙葵)会导致死亡。因此,在其后的近两百年时间里,番茄在北美地区一直没有进入贸易市场。直至1820年,一个具有里程碑意义的事件的发生,才改变了这一切。一位名叫罗伯特·约翰逊(Robert Gibbon Johnson)的人,在新泽西州塞勒姆(Salem)郡政府前,当着公众的面,吃下了两个番茄但却安然无恙,此后它在北美洲的传闻才迅速改变了。

约翰逊从南美洲进口了番茄种子,把它们种在自家的花园里。收获果实时,他宣布将在郡府门前的台阶上以身试“法”,吃下一个番茄。这个消息传开之后,就连远在数百里外的民众也都不顾路途劳顿,纷纷赶到塞勒姆,想来看好戏。甚至还有个意大利人从老远的马萨诸塞州赶过来。到了约定的那一天,数以百计的老老少少挤在郡政府前,争相目睹约翰逊吃完番茄,口吐白沫、全身痉挛地倒在地上,痛苦地慢慢死去的景象。然而,当他张大嘴,一口咬下可能“致死”的番茄,然后露出意犹未尽的表情时,有些观众吓晕了,有些人则惊讶得目瞪口呆。最出人意料的是:约翰逊不但活了下来,还开启了北美崭新、庞大的番茄工业。

1984年,詹姆斯(James)和戈德温(Jean Goodwin)用“番茄效应”来形容无论多么有效的治疗都被患者忽视或拒绝的现象。其实治疗方法被拒的主要原因是,依据常识和大众的理解,这种方法似乎并不产生任何效力。“番茄效应”在人们简单忽视有效信息时也会发生。那么,对于体育锻炼呢?社会上是否存在对它的“番茄效应”呢?

世界各国的科学家,已经在过去,特别是近30年来,花了大量的时间、精力来研究短期或是长期参与锻炼可能给人类带来的生理、心理和社会健康效益。他们的研究结果证明,任何年龄阶段的人群,只要科学地参与锻炼,都将使身体的各部分受益。但各国体育人口的数量又呈现出了怎样的特征呢?美国健康和公共事业部(United States Department of Health & Human Services, USDHHS)的调查研究结果发现,美国有近30%的人不参与任何锻炼;另外还有40%~50%的人被判定为没有参与足够获得健康效益的锻炼。加拿大有23%的普通人群,每周参与5次或以下、每次30分钟的锻炼;澳大利亚报告的数字则为57%。相应的,这些国家不参与锻炼的人群比例分别为:澳大利亚15%,加拿大56%。我们国家的情况又如何呢?1997年,仇军指出:我国每周参与3次锻炼,每次持续时间在30分钟左右、锻炼强度为中等强度的普通人群大约为15.5%。

相信通过上述的数据,对锻炼是否存在"番茄效应",大家心里都已经有了答案。那么,如何解决锻炼领域中存在的"番茄效应"呢?当你开始思索这个问题的时候,你就已经进入了锻炼心理学的领域。或许你还听说过"坚持锻炼(adherence)","锻炼自我效能(self-efficacy)","焦虑(anxiety)","身体意象(body image)"等一系列专业词汇。那究竟什么是锻炼心理学(exercise psychology)呢?

一 锻炼是一种体力活动

在开始讲述什么是锻炼心理学之前,我们有必要区分"锻炼"(exercise)和"体力活动"(physical activity)这两个概念。在大量的文献和研究报告中,经常出现锻炼和体力活动两个概念混用的现象。那么,这两个概念之间究竟存在什么样的关系呢?**体力活动**是指所有引发能量消耗的身体移动,它甚至包括日常生活中的一切行动,如家务劳动、园艺活动等;而**锻炼**则是指为了达到某个特殊的目的(如改善外表、增强心肺功能、消除压力、增加乐趣等)而实施的一种休闲体力活动。

二 锻炼心理学是研究与锻炼有关的心理现象的科学

谈锻炼心理学,我们还不得不谈与之紧密联系的两个相关母科学,即心理学(psychology)和锻炼科学(exercise science)。如图1-1所示,它们对锻炼心理学这门学科的诞生产生了重要影响。心理学是研究人的各种心理现象及心理现象的活动规律的科学,如知觉、情绪、认知等;而锻炼科学则是研究运动(sport)、娱乐(recreation)、锻炼/体适能(fitness)和康复行为(rehabilitative

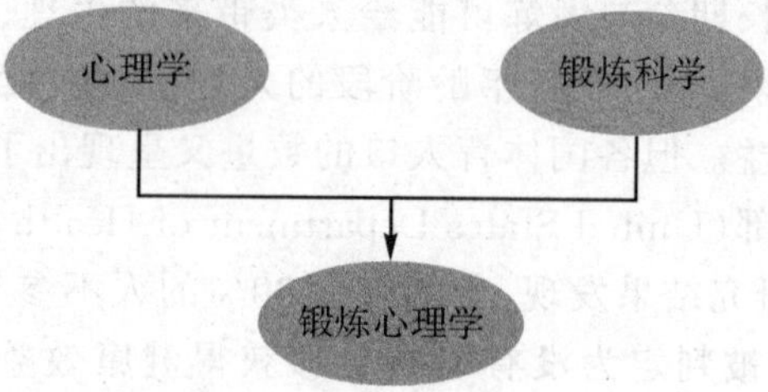

图 1-1 锻炼心理学的族系发展图

behavior)相关内容的科学。

在上述两个母科学及相关学科的影响下，**锻炼心理学**成为一门关注运用心理学原理、促进和维持体育锻炼，以及关注由体育锻炼所引发的心理效应(consequences)的科学。回顾在本章之初提及的三个案例，它们都是锻炼心理学领域的研究者或实践者(如社会体育指导员、健身俱乐部教练等)所关注的问题。个体 A 因为对自身所抱有的消极身体意象和惧怕在公众场合锻炼时被他人评论的敏感情绪，而对锻炼持一种忧虑态度。尽管他(她)需要运动起来，但对身体敏感的自我意识阻止了他(她)接受锻炼。锻炼心理学中的相关原理或许可以影响案例 1 中个体 A 对锻炼的认识及相关行为。比如，我们可以建议他(她)寻求一个专门针对肥胖人士而开设的锻炼培训班。这样不仅可以为他(她)参与锻炼寻求到一定的社会支持，同时还可以减少因他人消极评价而引发的负面情绪。

案例 2 中，个体 B 作为一名职业女性，则因多重的障碍(如没时间、疲劳)影响无法参与锻炼。作为一名锻炼心理学工作者，可以尝试寻找一种她感兴趣的锻炼形式(如慢跑、自行车、羽毛球等)和在她繁忙的日常生活中可能空出的时间段(如午间休息时间、早上家人起床之前的时间等)，并帮助她明确认识，即适当的锻炼不但可以帮她消除工作压力和疲劳，而且可以使她更加精力充沛。

案例 3 则涉及如何改变国民对体育锻炼认识的问题。中国自古教育人们要通过琴棋书画来修身养性，这与强调肌肉和力量之美的西方存在着天壤之别。现如今，父母为了孩子的升学和就业，更是强调文化教育而忽视体育锻炼，这也从一个侧面造成了我国青少年体质下降的局面。国家为了改变现状，相续出台了一系列政策(如教育部、国家体育总局、卫生部、国家民委、科技部关于印发《2005 年全国学生体质健康调研实施方案》的通知，2004)，并开展了《全国亿万学生阳光体育运动》等活动。而锻炼心理学工作者则是具体实施和推进这些政策、活动的实践者之一。

三 锻炼心理学的相关学科

在开始专业学习之前,还有几个与锻炼心理学相关的学科是我们应该熟知的。它们是:康复心理学(rehabilitation psychology),健康心理学(health psychology)和行为医学(behavioral medicine)。

康复心理学主要研究物理康复过程(physical rehabilitation process)和心理因素间的相关关系。它关注与丧失能力事件(disabling event,如运动损伤、心脏疾病、中风等)有关的锻炼康复,以及锻炼作为一种补充治疗策略在治疗疾病(如癌症、艾滋病、糖尿病等)过程中的作用。简言之,即将体育锻炼作为一种在物理康复治疗过程中的干预手段,帮助个体快速、有效地回复生理和心理的健康状态,并最大限度地发挥身体现有的机能和健康水平。

另外两个与锻炼心理学相关的领域分别是健康心理学和行为医学。健康心理学主要研究与健康和保健相关的心理过程。它除了关注促进健康的锻炼行为(health-oriented exercise)外,营养和体重管理(nutrition and weight management),减少吸烟(smoking cessation)及坚持服药(medication adherence)也在它研究的范围之内。与之类似,行为医学的研究重点是行为、生理及心理因素在理解如何保持健康生活方式及应对不适、疾病和丧失能力(disability)间的相互关系。例如,锻炼对怀孕女性可能产生的生理、情绪及心理上的影响。

第二节 为什么要学习锻炼心理学

说到这儿,对于锻炼心理学是什么,你可能还会感觉一头雾水,还会问“为什么要学习锻炼心理学”、“学习锻炼心理学有什么用处”等问题。

一 学习锻炼心理学的主要原因

学习锻炼心理学的原因主要体现在两方面:第一,它可以帮助我们理解在体育锻炼领域内出现“番茄效应”,即锻炼对我们的生理、心理和社会适应健康如此有利,但参与和坚持锻炼的普通人却如此之少的心理前因(psychological antecedent)是什么。换句话说,是什么样的心理原因致使人们不参加锻炼。在1990年美国联邦政府提出的《健康国民2000》(Healthy People 2000)计划中，提出了300多项涉及22个专门领域的增加国民健康的目标。而在该十年计划完成的2000年，其中试图改善国民体适能状况、增加体育锻炼行为的13个目标中只有3个真正实现。而在随后提出的《健康国民2010》(Healthy People 2010)(见表1-1)计划中，增进国民健康的领域扩大到了28个、467项具体目标，并直接强调"体力活动和体适能"(领域22)及"营养和超重"(领域19)等问题在帮助国民活得更长久、更健康过程中的砥柱作用。

表1-1 美国《健康国民2010》计划涉及的专门领域

1. 建设高品质健康服务通道(access to quality health services)
2. 关节炎、骨质疏松、长期背部问题(arthritis, osteoporosis, and chronic back conditions)
3. 癌症(cancer)
4. 长期肾脏疾病(chronic kidney disease)
5. 糖尿病(diabetes)
6. 能力丧失及次生状况(disability and secondary conditions)
7. 教育和社区项目(educational and community-based programs)
8. 环境健康(environmental health)
9. 家庭计划(family planning)
10. 食品安全(food safety)
11. 健康交流(health communication)
12. 心脏病和中风(heart disease and stroke)
13. 艾滋病(HIV)
14. 免疫和传染病(immunization and infectious diseases)
15. 损伤和暴力防治(injury and violence prevention)
16. 孕妇、婴儿和儿童健康(maternal, infant and child health)
17. 药品安全(medical product safety)
18. 精神健康和精神疾病(mental health and mental disorders)
19. **营养和超重(nutrition and overweight)**
20. 职场安全和健康(occupational safety and health)
21. 口腔健康(oral health)
22. **体力活动和体适能(physical activity and fitness)**
24. 呼吸性疾病(respiratory diseases)
25. 性传播疾病(sexually transmitted diseases)
26. 滥用物质(substance abuse)
27. 吸食烟草(tobacco use)
28. 视觉和听力(vision and hearing)

第二，它可以帮助我们理解参与体育锻炼后可能带来的心理效应(psychological consequence)是什么，以便以锻炼为干预手段，达到减少短期或长期的消极心理状态、增加短期或是长期的积极心理状态的目的。依据1999年美国卫生局有关精神健康的报告(*The U.S. Surgeon General's Report on Mental Health*)：①至少每5个美国人中就有1人被诊断患有精神不适，而这其中的绝大部分人却都不曾接受过任何形式的治疗；②美国每年花费在精神健康服务方面的直接和间接支出高达1500亿美元。很明显，促进大众参与锻炼，再加之传统的精神治疗手段(如心理治疗、药物治疗)，或许可以改变现状。

下面，我们将进一步说明，适当、科学的体育锻炼会给人们带来怎样的生理、心理和社会适应方面的益处。

二　参与锻炼的好处

深入认识和理解体育锻炼给普通人带来的积极收益，有助于帮助他们选择、采纳、参与并坚持锻炼。及时明确锻炼给人们带来的积极影响，还有助于健身教练调整健身计划，有助于学校教师有的放矢地加强体育与健康教育等。这种交互作用将导致锻炼意识的增强，锻炼动机的提高，最终引发规律的、持续的锻炼。参与并坚持锻炼给人类带来的积极影响主要表现在以下几方面：首先是可以降低发病率和死亡率；其次是将增强生理健康和身体体适能，改善外表体形，促进心理和情绪健康；最后是将带来社会适应方面的益处。

1. 锻炼增强机体健康和体适能水平

锻炼给机体带来的健康效益主要表现在：提高心肺耐力，增强肌肉力量/耐力，增加骨密度，改善身体柔韧性，影响体重等。事实上，体育锻炼参与者大都选择锻炼防治疾病，改善机体不良状态。近来有大量人群选择锻炼作为增加精力，改善睡眠，减轻疼痛和疲劳的手段。锻炼的身体效益如表1-2所示。

2. 锻炼改善外表体形

锻炼因可以改变身体成分，而被当今社会推崇。例如，长期参与有氧锻炼(如散步、跑步、骑自行车)可以降低身体的脂肪含量。同样，长期坚持耐力性力量训练可以增加肌肉体积。将两者组合，减少身体脂肪含量，增加肌肉体积，就可以塑造出一种更“时尚”的身材。而这种被当今世界称为“理想”的身材，无论对男性还是女性都充满着无限的诱惑力。还有研究证明，改善个体的外表体形将有助于提高自尊水平，改善自我概念。

表 1-2 锻炼的身体效益

1. 规律的、持续的锻炼可以降低男女老少的死亡率，即使是中等强度的锻炼也比不做任何锻炼存在诸多的积极身体效益。
2. 规律的锻炼在降低心脏病死亡率，特别是降低冠心病死亡风险方面有极大作用。
3. 规律的锻炼可以防止或延缓高血压的发生、发展；对已患高血压的个体，锻炼则可以起到降低血压的作用。
4. 锻炼可以降低患结肠癌的风险性。
5. 规律的锻炼可以降低非胰岛素依赖型糖尿病继续发展的风险性。
6. 规律的锻炼对维持正常的肌肉力量、关节结构和关节功能是必需的，对改善关节炎患者的症状有益。
7. 力量训练对儿童及青少年时期骨骼的发育，对成年人保持和提高骨密度至关重要。
8. 力量及其他形式的锻炼对于维持老年人独立生活能力和降低跌倒风险有效。
9. 锻炼能有效地影响身体脂肪的分布。

3. 锻炼促进心理和情绪健康

锻炼促进人类心理和情绪健康的作用已不再被认为是锻炼的次生作用(首要作用为增强人类的肌体健康)。事实上，以下的整本书都将讨论锻炼在减少消极的心理和情绪状态过程中所起的巨大作用。与此同时，锻炼还可以引发积极的心理和情绪体验。还有一点值得特别强调，那就是锻炼对人类的心理和情绪状态的改善不但存在短期的影响，而且也存在长期的影响。换言之，不但一次体育锻炼后，会即刻让人体会到积极的心理和情绪状态变化；规律的体育锻炼更是可以提供持久的积极影响。还有一种现象不容忽视，即现代人参与锻炼就是为了享受整个过程。锻炼的心理和情绪效益如表 1-3 所示。

表 1-3 锻炼的心理和情绪效益

1. 锻炼与降低状态焦虑有关。
2. 锻炼可以轻度或中度降低抑郁水平。
3. 长期的锻炼可以降低特质焦虑及神经质的表现。
4. 锻炼可以降低各种不同的压力指标。
5. 锻炼可以改善处在各个年龄阶段的各类人群的情绪状态。

4. 锻炼改善社会关系

自 1956 年世界卫生组织(WHO)第二次对健康进行定义后，社会健康(social well-being)这一概念就开始逐步进入了研究者的视野。但目前，国际和国内尚无关于锻炼会引起怎样的社会健康变化的研究。这一是因为难以对社会健康下操作定义,二是因为涉及过多的中介变量和影响因素,难以单纯寻找锻炼与社会健康之间的直接关系。锻炼参与者都会说,他们参与锻炼主要是为了寻求社会支持和获得友谊。不是经常能看见一群老年人早上集体进行晨练吗?

三 影响锻炼参与的障碍

就像任何事物都具有两面性一样,体育锻炼可以给人类带来生理、心理和社会适应方面的效益,也就必然会存在阻碍人们参与锻炼的障碍。障碍是那些阻碍人们参与到锻炼中去的因素。它们既可以是客观存在的(genuine barriers,如交通不便),也可以是主观感受的(perceived barriers,如没有时间)。以下部分,我们将讨论影响锻炼参与的障碍因素(见图 1-2)。

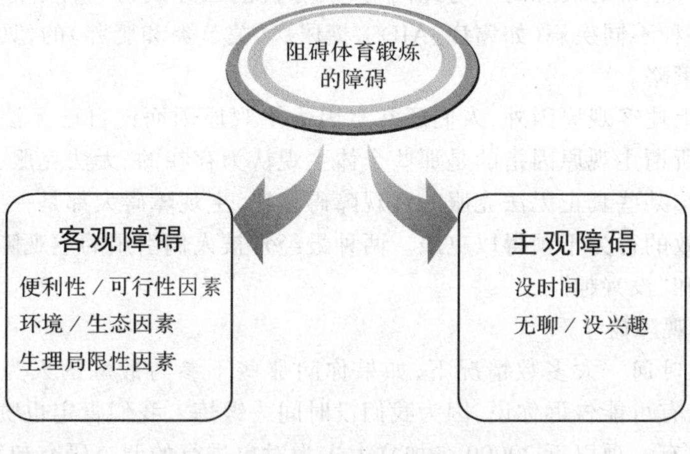

图 1-2 障碍个体参与锻炼的障碍

1. 客观障碍

(1)便利性/可行性因素 没有便利的交通线路,生活社区过于偏远,缺乏相应的体育锻炼设施或器材等,都可能成为阻碍大众参与锻炼的客观障碍。例如,当老年人计划开始参与锻炼时,大多会遇到交通不够便利等问题。上述原因明显会影响到大众可选择的锻炼形式,或许也会影响到可供选择的锻炼场所。但一项以美国南加州居民为对象进行的研究却显示:完全不参与锻炼人群和积极参与锻炼人群,在以其生活区域为圆点,半径为 2~5 公里范围内,可供选择的体育锻炼设施数目完全相等。有趣的是,这项研究还发现,主观感受到的利用锻炼设施的便利性与实际这些设施的远近毫不相关。因此,我们有理由相信:所谓的交通不够便利,或是没有可利用的体育锻炼设施,仅仅是人们为自己未达到锻炼目的而经常使用的借口罢了。

(2)环境/生态因素　实际居住的地理位置,当地的气候条件等也可以成为阻碍人们参与锻炼的客观原因。例如,雨雪天气,异常高温等情况都可能阻止个体参与户外运动。居住在我国西藏、青海等地区的人们,可能就会因为高海拔缺氧及恶劣气候条件等原因,无法像平原地区的人们一样参与正常的锻炼。

(3)生理局限性因素　生理局限性因素指诸如损伤、疾病或疲劳等,引发个体无法正常参与体育锻炼的因素。很显然,在某些疾病的患病期(如肝炎、肾病等),或是处在某个患病期的特定阶段(如癌症手术后的化疗期),抑或是身体的某个部位受伤(如膝盖,在锻炼中可能需要它参与跑步等的活动),个体是无法进行正常的锻炼的。与此同时,锻炼目前已经成为一种解除疲劳和疼痛,应对各种不同疾病(如癌症、AIDS、糖尿病、关节炎和肥胖)的,具有显著效用的治疗策略。

除了上述客观原因外,人们还常常因为主观原因而使自己无法实现锻炼的目标。所谓主观原因指的是那些个体主观认为存在的、无法克服、无法逾越的障碍。与某些真正无法克服的客观障碍相比,主观障碍大都是一些借口,可以通过有效的行为干预得以克服。两种最经常被人们引用的主观障碍分别是“没时间”和“没兴趣”。

2. 主观障碍

(1)没时间　大多数情况下,如果你问那些不参与锻炼的人为什么不锻炼,他们最有可能告诉你说,因为我们没时间去锻炼。我们肯定也赞同这种观点。但是,有一项以近 20000 名加拿大人为对象进行的调查研究却发现,那些以“没时间”为借口而不去参加锻炼的人,事实上比那些不把没时间当作锻炼障碍的人,每周参与体育活动的时间更长。这说明,规律性参与锻炼的人比那些不规律参与锻炼的人更善于使用时间管理策略;而且这也说明他们把锻炼看成了生活的重要组成部分。因此,那些以“没时间”为借口而不参与锻炼的人应该清楚,“没时间”并不是最安全、有效的借口。

(2)无聊/没兴趣　另一个突出的主观障碍就是,大部分人认为,锻炼就意味着无聊的跑步,或是高强度的运动,而这对他们一点儿吸引力都没有。克服这一障碍的最好办法可能就是,引导他们去接触一些全新的休闲锻炼形式,比如体育舞蹈、户外徒步旅行、游泳,或是团体运动项目等。另外,听着音乐或是看着电视在跑步机上进行运动，也可以避免将注意力过分集中在单调重复的跑步上，从而减少无聊感。同他人（如家人、同事、朋友）一起运动也可以增加锻炼的乐趣。

第三节 锻炼心理学发展简史

无论是运动心理学还是锻炼心理学，都关注体育运动和意识、信念，以及情绪反应之间的关系。只不过，运动心理学研究的最主要目的是，通过检验心理变量的效应，以最终达到保持和提高竞技运动成绩的目的。而锻炼心理学研究检验心理变量的效应，则主要是为了增强大众的锻炼意识，提高大众参与和坚持锻炼的比例，以最终实现增进心理健康的目的。

希洛地卡斯

一 锻炼心理学的早期源泉

锻炼心理学作为一门学科出现，距今不过 30 多年的时间。但是翻看有文字记载的历史，哲学家和医学家有关精神健康与锻炼关系的论述却可以追溯至公元前 4 世纪。古希腊著名的医生希洛地卡斯（Herodicus）早在公元前 4 世纪就发明了以剧烈运动为基础的体操疗法（gymnastic medicine，古希腊一种以体育锻炼为基础进行的治疗方法）。被西方尊为“医学之父”的古希腊著名医生、欧洲医学奠基人希波克拉底（Hippocrates）尽管最早批评希洛地卡斯这种依赖锻炼的疗法，但他也认识到了锻炼对于治疗生理和心理疾病的价值：大脑，也只有大脑，是我们幸福、快乐、笑声和娱乐的源泉。同样，它也是我们悲伤、痛苦、眼泪和不幸的源泉。它是我们特别用于“区分”，“好与坏”，“快乐与不快乐”的器官。大脑也是愤怒和精神错乱，白天黑夜骚扰我们的担心和恐惧，无眠及毫无意义焦虑状态产生的温床。

希波克拉底

英国著名的神学家、学者罗伯特·伯顿（Robert Burton）早在 1632 年，就在其巨著《忧郁的解剖》（*The Anatomy of Melancholy*）中警告世人：完全静止、不运动的生活方式可能存在风险：“锻炼的对立面是懒惰，身体和精神的毒药，……

它是七种置人于死地的罪孽之一，也是引发忧郁的唯一原因。”①

二　锻炼心理学的近代探索

心理学之父——冯特(Wundt)在1879年的德国莱比锡大学(Universität Leipzig)建立世界上第一个心理学实验室之前，学习的是医学和生理学。在这之前的1875年，威廉·詹姆斯(William James)已在美国的哈佛大学(Harvard University)进行了与情绪有关的实验研究。由他和丹麦心理学家兰格(C. Lange)提出的詹姆斯—兰格理论(James-Lange Theory)强调，接受到情绪刺激而发生生理反应的身体是情绪体验产生的源泉，即因为笑而高兴，因为哭而悲伤。虽然随后的研究结果证实了这一理论的不合理性，但它不仅使用实证性的研究手段看到了情绪与机体变化的直接关系，而且运用一元论的观点强调了植物神经系统在情绪产生中的作用。

冯　特

威廉·詹姆斯

冯特是第一个被公认为“心理学家”的学者，这或许是因为，他积极倡导使用内省的方法作为研究知觉和心理构成因素的最主要方法。冯特的思想被一位英国科学家铁钦纳(E. B. Titchener)1892年到康奈尔大学(Gornell University)就职时带到了美国。但是，威廉·詹姆斯将赫尔姆霍茨(Helmholtz)和冯特使用的生理心理学方法加以拓展，把意识的研究与实验生理学相连接，建立了知觉的生理学基础与符号意义之间的联系。1890年，詹姆斯出版了他具有划时代意义的巨著《心理学原理》(*Principles of Psychology*)(两卷本)。在此书中，他指出心理学应当是一门以认知的观点研究意识的科学。他强调正统的心理学必须注重思想和情绪的意识流。

随后，詹姆斯将研究的重点集中到了态度和价值观在健康和疾病中的角色作用上。1893年至1896年间，他在哈佛大学讲授的“精神病理学”研究生高级研讨课，对科学心理治疗的发展起到了重要的影响作用。詹姆斯看到了体育锻炼对精神健康的作用，在他《对教师讲心理学，对学生讲生活理想》(*Talks to Teachers on Psychology, and to Students on Some of Life's Ideals*)

① Franz, S. I., Hanilton, G. V. “The Effect of Exercise upon the Retardation in Condition of Depression.” *American Journal of Insanity*. 1905, (62), 239-256.

一书的第一章"放松的福音"(The Gospel of Relaxation)中,他如是说:①

> 我希望在随后的几个小时中,涉及某些心理学的学说,并展示它们在精神卫生领域的实际应用……试想,一副协调健康的"身体机器",神经和肌肉,对我们普通人自我意识的影响是什么? 灵活、有效的感觉就是这影响的结果。有人对我说,最近在挪威,女性的生活因为使用滑雪板滑雪这种运动,造就了全新的肌肉感觉,而发生了革命性的改变。然而15年前,挪威女性甚至比其他大陆女性更信奉旧式温柔女子形象。现在,这种"静坐炉火旁,猫咪卧身边"的挪威女性已经因为滑雪运动的介入,而被训练成为具有柔韧和大胆特性的,不再觉得夜晚很黑、高度令人很眩晕的,不仅对传统的苍白女性面孔和娇小体格说再见,而且真正成为引领教育和社会变革的新女性了。我不禁要想,网球、远足、滑雪或骑自行车等习惯,它们如此迅速地渗透到我们邻国的女性生活中,并且导致了她们更为热忱、健全的意识状态。这在不久的美国,或许也将引发一场美国人生活变革的热潮。我希望,在这儿,在美国,越来越多的训练有素、充满活力的机体,能够支撑越来越多的训练有素、充满活力的大脑,就像高等教育同等对待男生、女生一样。

三 锻炼心理学的现代发展

古代和近代有关锻炼与生理、精神、医学关系的观点和论述,对当今锻炼心理学的诞生和发展起到了极其重要的影响作用,而最引人注目的变化之一是人类对健康概念的重新认识。一直以来,健康的定义即为没有疾病,有病就是健康受损(生物医学模型)。这种建立在有/无疾病基础之上的健康概念,导致医学对疾病一直以来都只有消极的治疗(应对),而没有积极的预防。

1947年,世界卫生组织(WHO)对健康进行了重新定义,即:健康是一种完整的身体、心理和社会的安宁状态(well-being),而不仅仅是没有疾病或伤残。这种生理、心理、社会三元性的健康观(生物心理模型)对整个20世纪90年代精神健康的研究产生了巨大影响,并被美国称之为"大脑的十年"(Decade of the Brain)。这种整体性的健康观在美国健康和公共事业部1999年发表的《精神健康:来自卫生局的报告》(*Mental Health: A Report of the Surgeon General*)中也有反映。此报告还再次明确了体育锻炼作为精神健康重要组成

① James, W. *Talks to Teachers on Psychology, and to Students on Some of Life's Ideals*. New York: H. Holt, 1899, pp.199-205.

部分的作用。

新千年，美国心理协会在50个分会共同描述行为的、社会的、科学的努力下，模仿20世纪90年代出现的“大脑的十年”，而发起了“行为的十年”(Decade of Behavior)——一个多学科交叉协作，以强调行为的、社会的科学研究重要性的活动。而“健康”是五个被发起的研究主题中的一个。

今天，科学的迅猛发展，让我们有机会从根本上认识大脑在不同的社会和环境条件下是如何控制我们的思维、情绪和行为的。统计学方法和理论的进步，则允许我们在一个揭示社会因素和人类自省关系的结构模型内，将早期心理学家们的思想纳入一个更为精确的社会心理理论中，去理解如何增进健康。同样，神经科学研究技术的提高，让我们应用显微神经X射线成像、显微分离、核磁大脑成像等技术，近距离检验精神和行为关系的生理机制成为可能。因此，研究体育锻炼的心理和行为反应的科学——锻炼心理学的产生也就成为可能了。

威廉·摩根

在近代锻炼心理学这门学科的创立过程中，威斯康星大学(University of Wisconsin)的威廉·摩根(William P. Morgan)功不可没，他将心理学原理应用到除运动员之外的提高普通人锻炼表现的领域。在1969年至1979年间，他进行了大量有关抑郁(depression)、焦虑(anxiety)、催眠(hypnosis)和主观力竭(perceived exertion)、锻炼的坚持性(exercise adherence)以及锻炼成瘾(exercise addiction)方面的研究。摩根不但在锻炼科学和体育教育领域内成功渗透了心理这个研究变量，还直接促使锻炼心理学进入了美国心理学研究的主流阵地。1986年，在美国心理学会成立100多年之后，以摩根为首任主席的锻炼与运动心理学第47分会(Division 47, Exercise and Sport Psychology)在美国成立。

当然，还有一些科学家也为促进锻炼心理学这门学科的诞生作出了巨大贡献：普渡大学(Purdue University)的德沃瑞斯(A. H. Ismail)，南加州大学(University of South California)的(Herb deVries)，罗得岛大学(University of Rhode Island)的伊斯梅尔(Robert J. Sonstroem)，宾夕法尼亚州立大学(Pennsylvania State University)的海瑞斯(Dorothy Harris)，《运动与锻炼心理学杂志》(*Journal of Sport and Exercise Psychology*)的创始主编，亚利桑那州立大学的兰德斯(Daniel M. Landers)等。

但是，作为一门学科的锻炼心理学，在近几十年却发展得比较缓慢。

Rejeski 和 Thompson 在总结锻炼心理学发展缓慢的原因时指出：第一，在普通人群中，竞技体育的流行和普及程度始终高于体育锻炼，因此，科学家也不可避免地被吸引去解答和尝试研究与竞技体育有关的问题。第二，体育锻炼对于预防疾病和维持大众健康的重要作用，在很长一段时间里一直遭到质疑。因此，理解参与体育锻炼各心理层面的问题一直不被认为是研究主流。最后，纵观历史，生物医学模型一直是传统意义上理解健康和安宁状态的途径，而它主要关心的是得了病如何治疗，而不是如何预防疾病。直到近来，有关健康和疾病的生物心理模型在疾病预防中的重要作用才渐渐被充分认识。

四 锻炼心理学的主要研究领域

当 20 世纪 70 年代左右科学家最初涉足锻炼心理学领域的时候，研究的重点主要集中在锻炼情景下，人们态度、认知和行为的相应变化。证据主要来自于以下十个方面的相关研究成果：

1. 精神健康(mental health)：主要研究短期或长期的锻炼对精神健康参数，如焦虑、抑郁等的影响。

2. 身体意象和自尊(body image and self-esteem)：主要研究短期或长期的锻炼对自我知觉(self-perceptions)和自尊的影响。

3. 心理生理反应(psychophysiological reactivity)：主要研究在社会压力影响下，短期或长期的锻炼对心理和生理状态的调节影响作用。

4. 主观力竭/疲劳/锻炼症状(perceived exertion/fatigue/exercise symptoms)：主要研究一次性剧烈、力竭锻炼后，个体对身体生理机能的主观感受。

5. 锻炼坚持(exercise adherence)：明确影响个体能否长期坚持锻炼的心理决定因素。

6. 锻炼表现和新陈代谢反应(performance and metabolic responses)：明确心理因素和锻炼表现及新陈代谢反应之间的关系。

7. 睡眠(sleeping)：明确短期或长期锻炼对睡眠数量和质量的影响。

8. 认知(cognition)：主要研究短期或长期锻炼对个体的理解、判断、记忆等认知过程的影响。

9. 团体(corporate)：主要研究短期或长期的锻炼对工作团体的影响，如对缺勤率和减少工作压力方面的影响等。

10. 锻炼依赖(exercise dependence)：主要研究引发锻炼成瘾的原因及其带来的后果。

社会属性是人类最主要的属性。最初在锻炼心理学领域内进行的相关研究忽视了社会因素对锻炼行为和心理反应之间的影响。最近，研究人员已经开始关注与锻炼行为相关的态度、认知及行为反应和社会影响因素之间的关系了。这些研究主要集中在以下五个方面：

1. 家庭：主要关注家庭成员，包括兄弟姐妹、配偶、子女和父母，在支持个体参与锻炼时所起的作用。

2. 重要他人：主要关注非家庭成员，包括同事、朋友等，在支持个体参与锻炼时所起的作用。

3. 锻炼伙伴：关注比较单独锻炼和与他人一起锻炼的不同。

4. 凝聚力：主要关注一个有凝聚力的、统一的团体，在维持个体参与锻炼时所起的作用。

5. 领导作用：关注具有领导力的个体在影响锻炼行为时所起的作用。

第四节　更多有关锻炼心理学的信息

建议有志在锻炼心理学领域内学习、掌握更多专业知识的体育类专业院系本科生、研究生，社会体育指导员，健身俱乐部、会所专职健身指导人员，以及一切从事与推动《全民健身计划纲要》工作有关的人员，了解本领域权威专业组织及期刊、杂志活动的动态，以支持、指导相关的研究和实践活动。

因为锻炼心理学是一个跨领域的交叉学科，因此，有必要从心理学，体育教育，保健/健康/医学，以及生理学等相关学科入手，从一个更为宽阔的视角、更为复合的知识结构去全面了解锻炼心理学的发展。以下将从相关专业数据库、专业组织、专业期刊等三方面逐一进行介绍。

一　锻炼心理学相关数据库

根据锻炼心理学的交叉性特征，以下相关数据库均有与此相关的专业知识。有些是免费数据库，直接进入网站即可使用；而另一些则为收费网站（以国外网站为例，见表 1-4）。

表 1-4 国外锻炼心理学专业数据库

ERIC(Education Resources Information Center)(www.eric.ed.gov)
PsycINFO(www.eric.ed.gov)
MEDLINE(www.ncbi.nlm.nih.gov/entrez/query.fcgi)
CINAHL(Cumulative Index to Nursing and Allied Health Literature)(www.cinahl.com)
SPORT Discus or SIRC(Sport Information Resource Centre)(www.sportdiscus.com)
Physical Education Index(www.csa.com/factsheets/pei-set-c.php)

ERIC 提供 120 万种教育或与教育相关的书目、期刊引文和摘要。该数据库由美国教育部和美国教育科学研究所主办。PsycINFO 是美国心理协会出版的文摘数据库,收录有关心理学方面的期刊 650 种,近 200 万条文献,包括工效学、环境心理学、保健、社会福利、运动娱乐及休闲等领域。

MEDLINE 是美国国立医学图书馆建立的 MEDLARS 系统中使用频率最高,也是最大的数据库,是当今世界最具权威的综合性生物医学数据库之一。内容涉及基础医学、临床医学、护理学、营养卫生、卫生管理等跨生物学、人文科学、情报科学的领域。它收录了 1966 年以来,世界上 70 多个国家和地区,用 40 多种语言出版的,4800 多种生物医学期刊上的文献,其中收录我国的相关文献 40 多种。CINAHL 提供卫生保健,特别是与护理、应用医学相关的专业知识和期刊,涉及健康管理、健康信息、精神健康、护理等方面。

SPORT Discus 作为体育领域内的权威数据库之一,内容涉及体育与运动医学,收录了 400 多种期刊的全文,以及与体育、运动医学相关的书籍、章节、会议论文集等相关信息。Physical Education Index 数据库则涉及学校体育、运动医学、体育舞蹈、体育法、运动力学、运动技能学习、休闲体育、体育社会学、运动心理学、健康教育、物理治疗等方面的期刊文献、报告材料、会议论文集等材料。

CNKI 为我国国家知识基础设施(National Knowledge Infrastructure)的简称,工程由清华大学、清华同方发起,始建于 1999 年 6 月。CNKI 系列包含多个数据库,其中《中国期刊全文数据库》收录了 1979 年至今的 8200 多种期刊,按学科分为 168 个专题,每日更新,年新增文献 100 多万篇。

二 锻炼心理学相关专业组织

相关的专业学术组织或机构通常对该学科的发展起着非常重要的影响作用。它们不但将具有同样研究兴趣的科学家聚集在一起,交流研究思想和成果;而且还是专业学术机构与社会联系的重要桥梁。以下是目前国际、国内与锻炼心理学相关,且具有显著影响力的专业组织机构。

1. 国际组织机构

(1)应用运动心理学发展协会(Association for the Advancement of Applied Sport Psychology, AAASP/www.aaasponline.org)　创建于1986年的该协会,其主要宗旨是,促进竞技体育、体育锻炼及健康心理领域内相关理论、研究及干预手段的发展。关注的内容主要集中在以下三方面:①提高运动表现/心理干预;②健康和锻炼心理学;③社会心理学。

(2)美国运动医学学院(American College of Sport Medicine, ACSM/www.acsm.org)　这一多学科交叉的综合性学术组织成立于1954年,促进、整合运动医学和锻炼科学的研究、教育及实践成果,以提高竞技运动表现,增进健康和体适能水平,改善生活质量是它最主要的目标。目前,ACSM是世界上最大,最具影响力的运动医学和锻炼科学学术组织。

(3)美国心理协会第47分会(APA Division 47: Exercise and Sport Psychology/www.psyc.unt.edu/apadiv47)　美国心理协会第47分会,即锻炼和运动心理学分会成立于1986年,该分会的发展主旨为,促进锻炼和运动心理科学、教育和临床实践的发展。

(4)美国心理协会第38分会(APA Division 38: Health Psychology/www.health-psych.org)　美国心理协会健康心理学分会的主要任务是推动心理学家与,对生理和精神健康的心理、行为层面感兴趣的健康科学、健康护理专家的协作。

(5)加拿大精神运动学习和运动心理协会(Canadian Society for Psychomotor Learning and Sport Psychology, SCAPPS/www.scapps.org)　这里所说的精神运动是指与精神过程有关的肌肉活动或运动技能学习过程。创建于1977年的加拿大精神运动学习与运动心理协会旨在推进加拿大境内有关运动技能控制(motor control),运动技能学习(motor learning),运动技能发展(motor development)以及运动心理、锻炼心理学各方向的发展,并与国际上相关组织进行专业性学术交流。

(6)欧洲运动心理联合会(European Federation of Sport Psychology, FEPSAC/www.fepsac.org)　此联合会由欧洲各国从事运动心理和锻炼心理学专业研究的学者组成,包括德国运动心理协会(German Association of Sport Psychology, ASP),英国运动和锻炼科学协会(British Association of Sport and Exercise Sciences, BASES)等。

(7)国际运动心理协会(International Society of Sport Psychology, ISSP/

www.issponline.org) 国际运动心理协会成立于1965年,是目前唯一明确关注运动心理学、锻炼心理学和健康心理学的国际性专业组织。致力于促进与竞技运动和体育锻炼、体力活动有关的个体、团体的行为研究。

(8)北美运动和体力活动心理协会(North American Society for the Psychology of Sport and Physical Activity, NASPSPA/www.naspspa.org) 该协会成立于1967年,旨在发展和促进竞技体育及体力活动领域内的专业性科学研究。协会有三个主要关注领域:锻炼心理学、运动技能发展和运动技能学习/控制。

(9)行为医学协会(Society of Behavioral Medicine, SBM/www.sbm.org) 创立于1978年的该协会致力于推动与健康、疾病和行为三者交互关系有关的专业知识的发展和应用。这个多学科交叉的综合性协会的主要发展目标是:形成一个与健康、疾病和行为三者交互关系相关的,旨在促进研究和政策制定的教育与协作网络。

2. 国内组织机构

(1)中国心理协会(Chinese Psychological Society/www.cpsbeijing.org) 创建于1921年的中国心理协会,是我国现有的、最早成立的全国性专业学术组织之一。其宗旨是团结全国广大心理学工作者,开展学术活动,加强学术研究,以促进心理科学的繁荣和发展。学会下设14个专业委员会,包括体育运动心理专业委员会。

(2)中国体育科学学会(China Sport Science Society/www.csss.cn) 1980年正式成立的中国体育科学学会,其宗旨是团结和组织广大科技工作者,倡导献身、创新、求实、协作的科学精神,在严格遵守国家宪法、法律和社会道德风尚下,广泛开展体育科技活动,促进体育科技事业的发展和体育科技人才的成长,为增强人民体质、提高运动技术水平服务。学会下设14个体育专业委员会,包括运动心理学专业委员会。

(3)中国心理卫生协会(China Association for Mental Health/www.camh.org.cn) 中国心理卫生协会是中国科协领导下的全国一级协会,具有跨学科、跨行业的特点,是发展我国心理卫生科学技术事业和提高全民素质的重要社会力量。协会宗旨是:团结全国心理卫生学、心理学、医学、社会会、教育学界等科学工作者开展心理教育、科学研究、学术交流,为促进心理卫生科学技术的繁荣与发展,宣传普及心理卫生知识,培养儿童、青少年的健全人格,维护和提高人民心理健康水平和社会适应能力,提高道德水平,预防心理疾病,预防心身疾病,促进心理卫生科学技术的普及和推广,促进心理卫生从而提高全民族的心理素质。下设老年专业委员会，大学生专业委员会，危机干预专业委员会，护理专业委员会，妇女健康与发展专业委员会，残疾人分会等14个专业分会。

三　锻炼心理学相关专业期刊、杂志

专业性组织机构是具有共同研究兴趣的科学家聚集、交流研究思想和成果的平台，而相关的专业性期刊和杂志，则是通过媒介将这些思想和成果实现具体化的载体。目前国际有大量具有高影响因子的期刊、杂志刊登与锻炼心理学有关的专业研究成果(见表1-5)，国内关注锻炼心理学发展的期刊和杂志也在不断增加(见表1-6)。

表1-5　关注锻炼心理学相关研究成果的国际知名期刊一览

英文名称	中文名称
Adapted Physical Activity Quarterly	《适应性体力活动季刊》
Annals of Behavioral Medicine	《行为医学年刊》
Applied and Preventive Psychology	《应用和预防心理学》
Australian Journal of Sport Medicine	《澳大利亚运动医学杂志》
Basic and Applied Social Psychology	《基础和应用社会心理学》
British Journal of Health Psychology	《英国健康心理学杂志》
British Journal of Sport Medicine	《英国运动医学杂志》
Health Psychology	《健康心理学》
International Journal of Sport and Exercise Psychology	《国际运动和锻炼心理学杂志》
Journal of Applied Sport Psychology	《应用运动心理学杂志》
Journal of Health and Social Behavior	《健康和社会行为杂志》
Journal of Health Psychology	《健康心理学杂志》
Journal of Physical Education, Recreation, and Dance	《体育教育、休闲和舞蹈杂志》
Journal of Sport and Exercise Psychology	《运动和锻炼心理学杂志》
Journal of Sport Behavior	《运动行为杂志》
Journal of Sport Sciences	《运动科学杂志》
Measurement in Physical Education and Exercise Science	《体育教育和锻炼科学测量》
Medicine and Science in Sports and Exercise	《运动和锻炼医学科学》
Psychology and Health	《心理和健康》
Psychology of Sport and Exercise	《运动和锻炼心理》
The Sport Psychologist	《运动心理学家》

表 1-6 关注锻炼心理学相关研究成果的国内知名期刊一览

中文名称	英文名称
《体育科学》	*China Sport Science*
《中国体育科技》	*China Sport Science and Technology*
《心理学报》	*Acta Psychologica Sinica*
《心理科学》	*Psychological Science*
《中国运动医学杂志》	*Chinese Journal of Sports Medicine*
《中国心理卫生杂志》	*Chinese Mental Health Journal*
《北京体育大学学报》	*Journal of Beijing Sport University*
《上海体育学院学报》	*Journal of Shanghai Physical Education Institute*
《武汉体育学院学报》	*Journal of Wuhan Institute of Physical Education*

了解、学习了锻炼心理学的概况，可能还会有学生问："学习锻炼心理学后，我可以从事哪些相关工作呢？"掌握锻炼心理学相关知识后，可以在以下几方面寻找工作机会或发展空间：

其一，高等教育相关机构。在本科阶段学习、掌握锻炼心理学相关基础知识后，可以进入研究生或是博士阶段进一步学习、深造。今后有机会在体育院系或是相关高等学术机构内从事锻炼心理学教学和专业性研究工作。

其二，中等/初等教育机构。自从国家教育部颁布小学、初中、高中体育与健康课程教学大纲(新课标)后，为了切实贯彻"健康第一"的教育指导思想，借助体育课促进学生生理、心理和社会适应性健康的紧迫性和重要性日益凸显。学习锻炼心理学，可以有效地帮助中小学生实现行为改变，形成积极客观的身体意象；还可以帮助中小学生通过体育锻炼，增加自尊，提高自信心水平等。成为小学或是初高中的体育教师，也是学习锻炼心理学后一个可能的工作选择。

其三，社会体育指导员。学习、掌握激发普通人参与体育锻炼动机的技术和方法，帮助他们选择合适的锻炼项目，明确在锻炼过程中可能遇到的困难和思想波动，帮助他们克服在锻炼受伤后的心理康复过程中可能遇到的心理问题等等。学习锻炼心理学，还有助于社会体育指导员更加合理、有效地推进和开展全民健身工作。

除此之外，学习锻炼心理学，还可以在健身俱乐部以及与体育健康相关的公司、企业中找到相应的工作机会。

第二章　锻炼行为的理论

虽然体力活动和体育锻炼在促进健康方面的效益已经得到越来越多的证实，但仍有众多的普通群众没有参与到锻炼之中去。是这些人没有认识到体力活动和锻炼可能给人带来的效益呢，还是认识不足？或是其他什么原因呢？1984年，Godin等人对参与体力活动的人群和非参与人群对它的认识程度进行了比较（见表2-1）。结果表明，大多数情况下，非锻炼人群和锻炼人群在对体力活动效益的认识上并不存在区别，但他们的认识仅仅停留在口头上，或者是非常表面化的程度上。

表2-1　体力活动参与者与非参与者在有关体力活动效益上的认识差异比较

认识	比较（体力活动参与者对非体力活动参与者）	认识	比较（体力活动参与者对非体力活动参与者）
帮助我控制体重	两者均同意	花费时间	两者均同意
帮助我更健康	两者均同意	帮助我接触更多人	两者均同意
对身体有伤害	两者均不同意	改善我的心理状态	参与者比非参与者更确信
消除紧张	两者均同意	使我身体更匀称	参与者比非参与者更确信
改善外形	两者均同意	帮助我消耗空余时间	参与者比非参与者更确信
帮助我感觉更好	两者均同意		

那么，现在的问题就变成了：应该如何解决"知而不行"问题，即，如何促使人们真正参与到体力活动和体育锻炼中去。一个行之有效的途径就是通过科学——特别是集中研究体力活动和体育锻炼行为的心理科学理论。

20世纪60～80年代，锻炼作为增进健康、改善外表、减少焦虑状态等的途径，被西方社会广为推崇并直接导致了锻炼心理学的兴起。由于锻炼心理学与心理学、护理/医学/保健学、体育教育等多学科在研究对象、研究目的方面存在广泛交叉，应用于锻炼心理学领域的理论均来自于上述学科，特别是心理学。将这些理论应用于体力活动和体育锻炼有两个主要目的：一是通过这些理论，帮助人类更好地理解和预测锻炼行为；二是这些理论可以为构建行之有效的行为干预策略提供科学、有效的指导。

中国古代有一个"盲人摸象"的寓言故事，众人皆知。每一个盲人都只摸到了象的一部分，却强调自己"看到"的就是象的全部，以此比喻对事物只凭片面了解或局部经验，就作出全面判断。客观地讲，如果盲人不以偏概全，从他们各自的立场来看，每个人对象的局部描述都是正确的。

由于体力活动和体育锻炼受到生物、心理、行为和环境等多因素的影响，目前有不少理论模型试图从不同的角度来解释和说明人们为什么参与/为什么不参与或坚持体力活动和锻炼。每一个理论或模型都从一个侧面，或者说在某种程度上解释、说明或预测人类的锻炼行为，但没有一个是全面的、完美的。

有学者主张将目前运用于锻炼心理学领域的理论模型分为四类：一是信念—态度型理论（belief-attitude theories），包括健康信念模型（Health Belief Model, HBM）、保持动机理论（Protection Motivation Theory, PMT）和合理行为、计划行为理论（Theories of Reasoned Action and Planned Behavior, TPB）；二是能力基础型理论（competence-based theories），包括自我效能理论（Self-efficacy Theory）；三是控制基础型理论（control-based theories），包括自我决意理论（Self-Determination Theory, SDT）；四是决策型理论（decision-making theories），包括阶段变化模型，也称跨理论模型（Stages of Change Model, SCM; or Transtheoretical Model, TTM）。这些理论试图从不同的角度，在一定的社会环境背景之下，理解个体从锻炼行为产生到坚持全过程的心理特征。

因为在此无法详述上述所有理论，本章仅从中抽取部分进行概述。所讲述的理论模型不但独具自身的特点，从构建之初一直被沿用至今，对本领域的科学研究产生了一定影响；而且理论框架及测试工具相对完善。还有一些没有涉及的理论，如个人投资理论（The Theory of Personal Investment），主观努力模型（Perceived Exertion Model），身体自我展示理论（Theory about Physical Self-presentation），等等，并不是因为它们不重要，而是因为相对于下述内容，它们没有引起学术界的足够关注。

第一节　自我效能理论/社会认知理论

自我效能概念最初出自20世纪70年代由班杜拉（A. Bandura）提出的社会认知理论（Social Cognitive Theory）。该理论认为，个体的行为、认知（如意图,信念,态度,期望,自我效能等)和环境(如社会压力、经历等)三者共存于一个互为因果关系的三角形中(见图 2-1)。人的行为都具有目的性,并受到预先设定的计划的引导。同时,人也具有自我约束性,他们可以改变自己的行为和周围的环境;同样还可以改变自身的标准以适应他们的行为,并用这些标准来指导行动、激发动机。

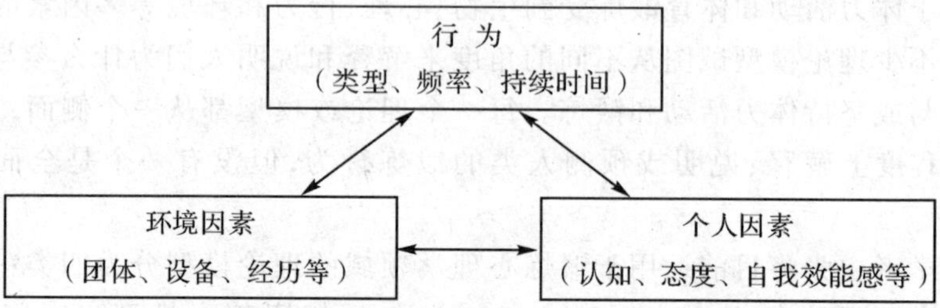

图 2-1 社会认知理论中的三因素关系(Bandura, 1997)

例如,个体 A 试图参与锻炼,而同事告诉他(她),参与锻炼不但不会减肥,而且极可能增加体重。不同的外界力量,如家庭或同事等,可能因为个体 A 参与锻炼而减少与家人在一起的时间,减少与同事在一起娱乐的时间,而阻止他(她)参与。同样,目前社会上对锻炼还存有一定的偏见,体育通常与"头脑简单,四肢发达"相关的成见也将对个体参与锻炼产生一定的影响。个体 A 最终是否会参与锻炼?会选择何种锻炼项目?坚持的时间又会是多长?这些都将受到个体的认知因素及外界环境因素的影响。

1977 年,班杜拉提出了自我效能理论,试图描述个体如何形成对自身有无完成一项特殊行为的能力的认知。而这个对自己"主观能力"(perceived capability)的认知判断,就是现在在锻炼心理学领域内广为人知的"自我效能"概念。自我效能意指个体对执行某种特殊行动以达到某个特殊目的的自身能力的信念。班杜拉的自我效能理论认为:行为改变都是通过一个认知机制为主要中介完成的,这个认知机制即自我效能。

个体 B 认为自己是一个非常不错的长跑者(对完成长跑任务非常有自信心)。如果他(她)通常情况下在跑步机上可以坚持跑 1 小时 30 分,而现在需要他(她)完成一项在山间进行的 1 小时 30 分的户外长跑任务。此时,我们就可能发现,他(她)对自己能否完成这项在特殊环境下进行的长跑任务显得信心不足(对完成户外山间长跑任务信心不足)。同样,本来他(她)计划完成跑步机上的长跑任务,但上周,他(她)才从重感冒中康复过来。尽管他(她)对自己完成跑步机长跑任务的自信心水平从没有下降过，但考虑到重感冒给身体带来的不良影响，完成当前任务的自信心水平仍可能显现出下滑态势。由此不难看出，自我效能是一个在特殊情景之下，个体对自身能否完成一项特殊任务的能力水平的判断。

一　自我效能理论概述

依据自我效能理论，共有四个因素（或来源）可以影响和改变它：成功体验（mastery experience），替代经历（vicarious experience）或范例（modelling），口头说服（verbal persuasion），和身心状态（physiological states/ psychological states）（见图 2-2）。

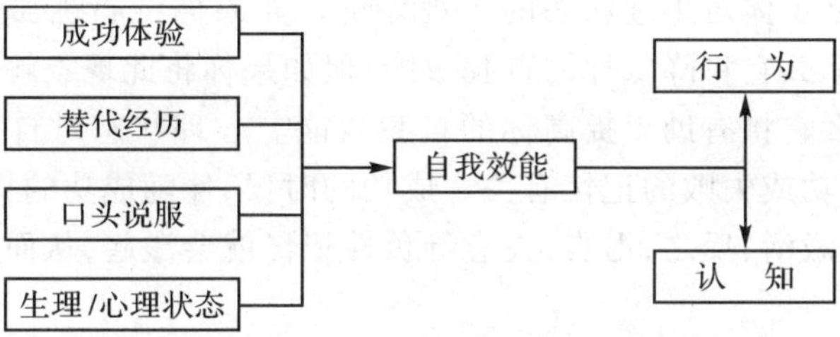

图 2-2　影响自我效能的因素（Bandura，1997）

成功体验是指个体成功完成某项任务的经历。当个体成功完成某项任务时，他（她）就相信自己具有完成该任务的必备能力。从这一点来说，成功显然对增强自我效能至关重要。然而，班杜拉还指出，自我效能会随着成败变化而发生起伏。完成跑步任务的自我效能可以来源于个体以前慢跑、户外远足、登山等成功完成类似运动的经历。先前的运动经历与目前的活动任务越接近，其对目前自我效能水平的影响就越强烈。先前失败的运动经历则可能会破坏自我效能感。

第二个可能影响自我效能的来源称为替代经历或范例。看到其他人在类似环境中曾有的成功经历（范例），将使个体认为，与他（她）类似人群拥有的此种能力他（她）也拥有，因此也能完成好该任务。观察者主观认为他（她）与范例之间的相似性越大，替代经历对自我效能水平的影响就越大。示范者不必是观察者所熟知的人，虽然这样的影响力更大。相反，示范者可以是一个与观察者同龄的明星，甚至可以是一段瑜伽录像带上的动作展示者。只要观察者主观认为，这些示范者与自己类似，他们就可以成为有效的范例。蹦极是一项极具挑战性的极限运动，如果观察者看见平时比自己还胆小的人都完成了此项挑战,他(她)成功完成此项挑战的自我效能也会受到积极影响。

口头说服是指为预参与体力活动或锻炼的个体,提供充分的为什么(why),怎么样(how),何时(when),何地(where),参与何种形式(what mode)体育锻炼的信息。它的力量相对较小,但当游说者是一个极富相关知识的专业人士时,口头说服对自我效能就存在着巨大的影响力。耐克公司的宣传口号是"Just do it!"试图说服普通人群:他们能够,而且应该变成一个体育锻炼的参与者(当然是穿着耐克公司的运动产品参与锻炼)。那么,他们的说服力如何呢?大家的心里自有评判。

第四个可能影响自我效能的因素是身心状态。班杜拉强调,个体的生理状态像成功体验、替代经历和口头说服一样,本身并不是显示自我效能水平的指标,重要的是个体对生理状态的主观评价。如果你将心跳加速解释为身体虚弱的表现,那么它将降低你的自我效能;但如果你将此现象解释为充分热身运动所致,那么它将有助于提高你的自我效能。心理状态对自我效能的影响主要与以往成功或失败的记忆有关。成功的时候,伴随成功的喜悦、得意等记忆也会被同时激活;反之,沮丧、失意等负性记忆就会激起,从而对自我效能产生影响。

因为自我效能是一个情景特异性结构(situation-specific construct),根据不同研究者研究兴趣和内容的不同,自我效能的操作定义也会有所不同。1998年,McAuley和Mihalko对自我效能进行了分类:一是锻炼效能(exercise efficacy),即,个体对自身成功完成体力活动或锻炼任务的自身能力的信念;二是(克服)障碍效能(barriers efficacy),即,个体对自身成功克服各类锻炼障碍的自身能力的信念。计划效能(scheduling efficacy)是克服障碍效能的一种特殊形式,是个体对将体力活动或锻炼编制进日常生活计划的自身能力的信念;三是特异疾病效能(disease-specific efficacy)/健康行为效能(health behavior efficacy),前者指特殊人群对通过锻炼进行康复及参与预防疾病活动的信念,后者则是个体对自身参与健康促进活动的能力的信念。最后一类自我效能是计划行为理论中包含的概念——主观行为控制,将在下一节中详述。

二 自我效能的测量

尽管目前在锻炼心理学界存在许多针对自我效能的测量工具,但最为传统,也最被广泛接受的方法,是测量自我效能三个维度中的至少两个维度,即自我效能的水平(level of self-efficacy)和自我效能的强度(strength of self-efficacy)。自我效能水平是指,个体对自身完成某一特殊任务,或任务一部分的能力的信念。而自我效能强度则是指，个体对自身成功完成某一特殊任务，或任务一部分的确信程度。

如图 2-3 所示，该问卷要求个体回答，当锻炼任务由 1 公里向 10 公里增加时，确信自己可以成功完成每一部分跑步任务的自信水平有多高。1 公里到 10 公里十个不同层次的锻炼任务，反映了个体对自身完成该任务每一部分自我效能水平的高低(纵向)；而确认自己能否成功完成每一任务的程度则反映了自我效能强度的高低(横向)。例如，个体 C 百分之百确信(强度)自己可以完成 3 公里以内的跑步任务(水平)。随着任务难度的增加，当跑步长度增至 6 公里以上时，他(她)确信自己可以成功完成任务的程度降至零。由此，可以反映个体对完成某一特殊任务时自我效能水平和强度的变化。

	完全没自信									完全自信
1.1 公里	0	10	20	30	40	50	60	70	80	90	**100**
2.2 公里	0	10	20	30	40	50	60	70	80	90	**100**
3.3 公里	0	10	20	30	40	50	60	70	80	90	**100**
4.4 公里	0	10	20	30	40	50	60	70	**80**	90	100
5.5 公里	0	10	20	30	40	**50**	60	70	80	90	100
6.6 公里	0	**10**	20	30	40	50	60	70	80	90	100
7.7 公里	**0**	10	20	30	40	50	60	70	80	90	100
8.8 公里	**0**	10	20	30	40	50	60	70	80	90	100
9.9 公里	**0**	10	20	30	40	50	60	70	80	90	100
10.10 公里	**0**	10	20	30	40	50	60	70	80	90	100

图 2-3 如何测量跑步自我效能的水平和强度

自我效能的第三维度是通性(generality of self-efficacy)即一般化，是个体对自身成功将某一效能信念转化至相关任务的确信程度。例如，上例中的个体 C，其有关跑步的自我效能高，极可能导致他(她)完成散步，甚至长距离自行车任务的自我效能高。但相对于力量训练，这类完全不相关的任务而言，跑步的自我效能高，并不太可能导致完成力量训练任务的自我效能也高。

1998 年，McAuley 和 Mihalko 对体力活动和锻炼领域内有关自我效能的测量进行了综述。对 85 个研究的结果进行总结后，有关自我效能的测量被分成了六类：行为效能、(克服)障碍效能、特异疾病/健康行为效能、主观行为控制、一般化效能和其他。尽管对自我效能的测量极其多样化，但其与体力活动、锻炼之间关系保持了极高的一致性。这也再次证明了两者间的紧密联系。

自我效能测量方式的多样性不足为奇，因为它本身是个体对实施某个特定行为的自身能力的评价。以实施某种锻炼活动为例,个体仅具有完成该锻炼活动的效能(behavioral efficacy)是不够的,他(她)还应当具备克服障碍的能力以及计划效能等。因此,在对与锻炼有关的自我效能进行测量时,应该充分考虑与此相关的种种效能,而非单一一种。

自我效能的结构如此复杂,如何编制一个具有良好信、效度的量表来对其进行测量呢?因为自我效能随情景变化而发生变化的特征,编制一个统一的自我效能量表是极其不明智的。已有大量研究结果显示,自我效能是预测体力活动和锻炼的重要因素。获得这些结果的一个非常重要的原因在于,研究者直接依据目标行为(即各种不同类型的体育锻炼)的特征编制了相应的测试量表。个体不可能对所有的活动都拥有效能感。因此,研究者应当依据所研究锻炼活动的特征,客观地评价任务效能(task efficacy)和克服障碍效能等因素,以便获得对其的深刻理解。

三 相关研究成果

自我效能理论是目前锻炼心理学领域内最成功的行为科学理论之一。无论是在不同的年龄阶段,文化背景,实验设计中,都有大量的研究结果支持自我效能在解释、说明和预测体力活动和锻炼行为方面的作用。研究者们在尝试把自我效能加入健康信念模型、合理行为和计划行为理论及阶段变化理论后,它在解释、说明和预测锻炼行为方面同样显示出了极大的一致性和稳定性。

1995年,McAuley等人的研究结果表明,自我效能和体力活动之间是一种相互促进的关系。即,自我效能与激发和坚持体力活动有关。反过来,短期或长期参与体力活动又将显著导致自我效能的增加。(克服)障碍效能在激发体力活动过程中也至关重要。人们的行为改变过程极其缓慢,其中一个主要原因就是,行为改变过程存在诸多障碍,而个体缺乏自身对克服障碍能力的自信。无疑,在此种情景之下,(克服)障碍效能对激发个体投入体力活动将起重要作用。1993年,Armstrong等人的研究也发现,近期有意图开始体力活动的人与毫无此意图的人相比具有更高的克服障碍效能。

在自我效能影响体力活动和锻炼行为的坚持性方面,Marcus等人的一系列研究表明,在身体锻炼的不同阶段,个体所表现出来的克服障碍效能也有所不同。处在越高的锻炼阶段,个体具有越高的克服障碍效能。MuAuley及其同事的一系列研究结果也表明,锻炼效能与个体参与锻炼的频率、坚持性等有关。

如图2-2所示,自我效能越强烈,有关锻炼的认知也会越积极,越强烈。

西方学者有关自我效能在体力活动和锻炼行为中作用的研究结果证实了这一关系。1994 年，Biddle 等人的研究结果显示，锻炼效能与锻炼意图呈正相关。当个体有强烈的自信，相信他(她)能够保持既定的锻炼频度和持续时间时，他(她)就会形成投入锻炼的强烈意图。1995 年，Ducharme 等人的研究也证实，(克服)障碍效能和计划效能都与锻炼意图有关。当个体强烈的认识到他(她)能够将锻炼纳入日常生活时，他(她)就可以克服来自自身、社会和环境的障碍，锻炼意图也有所增强。

从参与到坚持锻炼，从锻炼的频度、持续时间和投入的努力程度，从对锻炼的态度到认知，自我效能在锻炼的方方面面都扮演着极其重要的角色。那么，当个体对自己是否有能力参与和实施保持健康生活方式的行为持有怀疑时，又将如何增强自我效能呢？1994 年，McAuely 依据表 2-2 提出了一系列策略。

表 2-2　增强自我效能的策略

自我效能来源	增进策略
成功体验	* 循序渐进原则：逐渐增加锻炼的速度、持续时间和运动负荷； * 使最初参与锻炼的个体成功机会最大化； * 日常努力逐渐增加，如走路代替骑车等； * 鼓励锻炼者记录完成的运动和生理指标变化。
替代经历	* 播放与锻炼者年龄、身体特性以及能力相似者成功的录像带； * 通过团队和同伴的协作，提供经常性的“专家”示范； * 组织锻炼者观看他人锻炼时的情景； * “参与者体验”：逐步让锻炼者体验到锻炼的困难，而逐步减少支持和帮助的力度。
口头说服	* 为锻炼者提供足够的有关为什么，怎么和在哪里进行锻炼的信息。这可以通过小册子、文章、录像带、电视、报刊以及讨论会等形式实现。
身心状态	* 确保锻炼者正确理解自身参与锻炼后的身体反应； * 帮助他们解释这些生理变化的意义以及随着锻炼的进行这些生理反应将怎样变化等。

国外就该理论广泛展开研究的同时，国内也在该领域进行了诸多尝试和研究。在中国学术期刊全文和维普全文期刊上，以“自我效能”和“效能”为检索词，自 1980 年至 2006 年的 26 年间，在体育领域共检索出有关自我效能理论的研究 31 项，其中定量研究 11 项，占 35.5%；定性研究 20 项，占 64.5%。研究涉及自我效能量表的修订及相关量表的开发和应用；体育教学情境下学生自我效能的培养；以自我效能为干预手段，考察教学效果的实验研究；自我效能与其他因素的关系及其他五大类。其中又以定性方式考察体育教学情境

下学生自我效能培养的研究最多，有 17 项，占 54.8%；量表修订及相关研究有 6 项，居第二位，占 19.4%。从这几组数字不难看出，体育领域内有关自我效能的相关研究，无论在研究的广度与深度，实证研究的数量与质量，以及自我效能在锻炼行为领域的实践与运用方面都存在巨大的发展空间。

四 评 价

大量的国内外研究成果证实，自我效能无论作为影响锻炼行为的心理前因，还是参与锻炼后可能给个体带来的心理后果，都与锻炼之间保持了极其稳定和一致的影响关系。针对不同国家，不同年龄阶段的人群，不同的锻炼形式（如有氧项目、力量训练项目等），不同的应用环境（如工作环境下、心脏病康复环境下），等等，自我效能都在解释、说明和预测锻炼行为方面显示出了极大的影响作用。如果一定要找出该理论的不足的话，那就是，自我效能只对具有挑战性的，或新异性的锻炼行为有预测作用。事实上，当锻炼行为变成一种熟练的运动技能或习惯化的技能后，自我效能对行为的影响作用就呈现出了急剧下降的态势。也就是说，当个体由参与锻炼发展至坚持锻炼的时候，自我效能对锻炼行为的影响作用也就越来越小了。

第二节 合理行为理论/计划行为理论

在班杜拉提出自我效能理论的同时，Fishbein 和 Ajzen 也完成了合理行为理论的构建，该理论设计之初是用来解释意志行动的（如，自由选择行为）。合理行为理论假设：个体在综合适当的信息和考虑其行为的潜在含义后，是可能采取明智、理性的行动的。理论中包括三个被认为对行为产生影响的主要因素：意图（intention）、态度（attitude）和主观准则（subjective norm）。

一 合理行为理论/计划行为理论概述

意图是决定个体是否参与体力活动或锻炼的关键。它反应个体的意愿和他（她）计划投入实施行动的努力程度。我们有理由相信，个体试图实施某项行动的意图越强烈，他（她）就越有可能参与或投入到这项行动中去。如果你强烈希望在早春的下午出去散步，那么你这么做的可能性就非常大。但是随着时间的推移，人的意图也可能变弱。意图支持行动的时间越长，就越有可能因为不可预测事件的发生而影响其强度。例如，一个年轻人意图一生坚持规律性的长跑运动，然而当他坚持了几年之后，突然对长跑失去了兴趣，而改为坚持游泳了。在他下决心坚持长跑之前，并没有预计到厌倦感会影响到他的长跑意图。

意图是直接影响行为的决定因素，而意图又受到态度和主观（或社会）准则的约束。在合理行为理论中，态度意指个体对实施锻炼活动的积极或消极评价及赋予该活动本身的价值。例如，个体对参与锻炼既抱有积极的期待（锻炼可以增进健康），也抱有消极的期待（锻炼将减少我与家人和朋友在一起的时间）。当他（她）考虑是否参与锻炼时，会评价以上两种期待可能带来的后果。有研究表明，普通健康人群对锻炼持有的最普遍态度是，锻炼可以增进健康/体适能水平，改善体形，有趣，加强社会联系和促进心理健康。

主观准则指个体在实施或不实施某一锻炼行为时，主观感受到的社会压力。它主要由以下几方面因素决定：①具有显著影响作用的他人（如家人，朋友，医生等）的主观期望；②具有显著影响作用的团体（如班级，团队等）的主观期望；③个体试图去顺应这些具有显著影响作用的他人/团体的主观期望的动机水平。假如个体D感到，他妻子认为他必须每周参与三次体育锻炼，他可能倾向于按照妻子的主观期望去行动。

依据合理行为理论，一旦个体积极评价一项活动（态度），并相信对他（她）具有显著影响力的他人都认为他（她）应当实施这项行动时（主观准则），他（她）就有意图去实施行动了。然而，假设个体E有强烈的意图晚上去游泳馆游泳，认为游泳是一件异常有趣的运动，并且得到了朋友的鼓励和支持。这种情况下，他（她）极有可能晚上实施这项行动——游泳。这个例子展示的是一种意志行动，即个体如果有愿望就可以实施的行动。但这项行动能否最终实施呢？如果晚上因为特大暴风雪来袭，游泳馆因恶劣天气而关闭了呢？即使个体E有强烈的行动意图，积极的态度和主观的社会支持，他（她）仍旧无法实现游泳。

当合理行为理论被应用于社会科学领域后，Ajzen和其他的研究者就意识到了它存在的局限性。它最大的局限之一就在于：仅能预测或解释一些在可控情景下发生的行为。如果行为不在人的意志控制之下，即使个体有再强烈的意图，他（她）也无法完成这项行动。如上例，个体E希望实施的游泳行动。为了充分了解人们在此种情景下的行为，Ajzen在合理行为理论中加入了一个全新的概念——主观行为控制。为了区别于原有的合理行为理论，加入了主观行为控制概念的理论被称之为计划行为理论（见图2-4）。

主观行为控制（perceived behavioral control）指的是个体主观认为实施某

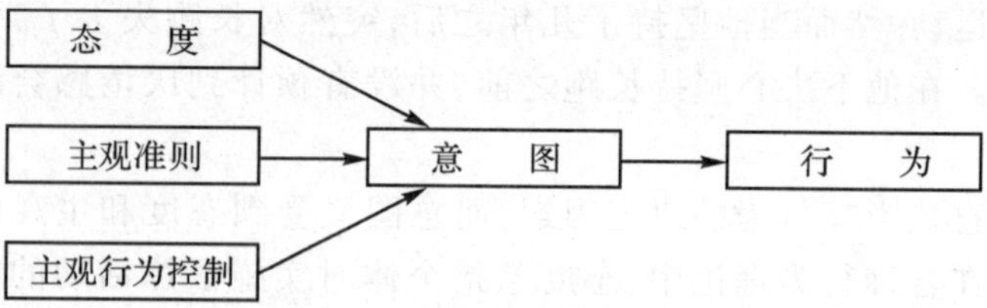

图 2-4　合理行为和计划行为理论(Ajzen, 1985)

项行动的难易程度,它与班杜拉提出的自我效能概念类似,是一个由“完全不可控”到“完全可控”的变化连续体。加入这个新概念后,计划行为理论假设:主观行为控制将直接影响行为或通过意图间接影响行为。1985 年,Ajzen 指出,当主观行为控制感高时,计划行为理论和合理行为理论的运作方式是相同的。换言之,当主观行为控制不是异常重要的因素时,个体的行为可以由意图、态度和主观准则来预测。

计划行为理论是合理行为理论的一个拓展,其中加入了一个新概念——主观行为控制。个体对实施一个特殊行为的期望及其赋予这个行为的价值,构成了这两个理论模型的概念基础。而这个结合价值的期望(即意图)为我们理解个体的态度及其潜在的信念提供了一个理论框架。两个理论都关注态度—行为的关系,并且假设个体能够就其行为及后果做出预想和理性判断。

二　合理行为理论/计划行为理论的测量

合理行为和计划行为理论的一个优势在于,它允许研究者依据不同的行动、目标、情景和时间因素来自行设计量表,直接测量所需研究的锻炼行为。正式研究开始前的前期量表编制过程可分为以下几个步骤:

1. 使用开放式问卷,确定被研究人群的重要行为、准则和控制信念;

2. 进行内容分析,决定哪一种信念最显著;

3. 依据内容分析的结果编写问卷项目。

特别是在项目编写的过程中,研究者一定要充分考虑被研究行为的特殊性、研究目标、情景和时间等因素。当被试和被研究行为发生变化时,研究者需要调整问卷,以保证问卷的信、效度。

以图 2-5 为例,该问卷要求被试,当问及从下个月开始,对每天至少跑步 30 分钟这一行动的态度及相关认识时,会如何作答?数字“1”至“7”表示对锻炼意图的肯定程度由“完全不赞同”到“完全赞同”的变化连续体。被试选择“2”,表明其对从下个月开始,每天至少跑步 30 分钟这一行动并没有表现出强烈的意图或肯定。相应的,被试对每天至少跑步 30 分钟这一行动的主观行为控制感也不高(选择了"1"),表明他(她)主观认为实施这一行动的难度很大。

锻炼意图								
1. 从下个月开始，我意图每天至少跑步 30分钟：								
完全不赞同	1	(2)	3	4	5	6	7	完全赞同
锻炼态度								
1. 对我来说，从下个月开始每天至少跑步 30分钟是：								
有害的	1	2	3	(4)	5	6	7	有益的
毫无价值的	1	2	3	(4)	5	6	7	完全有价值的
锻炼的主观准则								
1. 大部分对我很重要的人都认为，我应该从下个月开始，每天至少跑步 30分钟：								
完全不赞同	1	2	3	4	(5)	6	7	完全赞同
锻炼的主观行为控制								
1. 从下个月开始，每天至少跑步 30 分钟完全取决于我：								
完全不赞同	(1)	2	3	4	5	6	7	完全赞同

图 2-5　如何测量锻炼意图、态度、主观准则和主观行为控制

众多的学者一再强调,以合理行为理论或计划行为理论为理论框架进行研究,其实就是实现对两理论组成成分的可操作化和可测量化。在实现测量和可操作化的过程中,有两类问题极易发生:一是研究者可能没有测量到需要测量的理论结构;二是因为对变量不恰当地操作,两个变量可能在测量同一个结构。实现两理论结构可操作化时,还有一个需要考虑的重要问题是不同研究间的一致性问题。比较不同研究间的结果,对同一个变量的不同测量方式是一个必须慎重考虑的环节。以主观行为控制的测量为例,目前存在两种方式:一是通过自我效能的测量来实现。如果个体对实施某种行为的自身能力充满自信,则可以认为是主观控制高的表现;二是通过对觉察障碍(perceived barriers)的测量来实现。如果对行为实施产生影响的觉察障碍因素过多,则认为主观控制较低。

三　相关研究成果

1997 年,Courneya 和 Friedenreich 以计划行为理论为框架,利用回溯性研究设计,对体力活动在直肠癌治疗过程中的作用进行了检验。研究者对 110 名最近接受过直肠癌治疗的患者进行了问卷调查,让他们回忆在治疗过程中的信念、态度、主观准则、主观行为控制、意图及锻炼行为。研究结果发现,在直肠癌治疗过程中的锻炼行为由意图和主观行为控制决定。另外,行为意图仅受到态度的影响。如果患者有积极的态度、强烈的意图、高涨的主观行为控制感，他们就可能在治疗过程中坚持锻炼。这些结果让研究者认为，可以将计划行为理论作为一个设计促进直肠患者治疗过程中锻炼行为干预措施的理论框架。

由于回溯性研究设计本身所具有的局限性，1999 年，Courneya 和他的同事利用前瞻性设计，就计划行为理论对已接受过手术的直肠癌患者的锻炼行为的预测作用进行了一个为期 4 个月的纵向研究。研究结果表明，手术后患者的体力活动强度明显低于手术前。对术后体力活动有预测作用的因素为：术前体力活动的水平、意图和主观行为控制。同样，态度是行为意图的唯一决定因素。

从 20 世纪 90 年代开始，陆续有学者对以合理行为理论和计划行为理论为基础，在体力活动领域内所进行的，前期研究成果进行描述性综述和统计性综述。他们的综述均支持了两理论预测和说明锻炼行为方面的作用。尽管两理论在锻炼领域的应用都极为成功，但其中计划行为理论的作用更为显著。

1997 年，Hausenblas 和她的同事对应用合理行为和计划行为理论的 31 个研究进行了元分析。结果发现，意图和态度，意图和主观行为控制，行为和意图，行为和主观行为控制及行为和态度之间存在着极大的效果量（见表2-3）。中等程度的效果量存在于意图和主观准则之间，而行为与主观准则之间则不存在任何效果量。Hausenblas 和她的同事认为，计划行为理论对预测和解释锻炼行为具有相当效用。同时该理论对于帮助锻炼参与者理解和影响锻炼的关键因素也至关重要。

表 2-3　合理行为和计划行为理论各因素间的效果量

（Hausenblas，Carron & Mack，1997）

关　系	效果量
意图和	
态度	1.22
主观准则	0.56
主观行为控制	0.97
行为和	
意图	1.09
主观行为控制	1.01
态度	0.84
主观准则	0.18

国外就该理论广泛展开研究的同时,国内的相关研究却显得异常匮乏。在中国学术期刊全文和维普全文期刊上,以"计划行为理论"和"合理行为理论+计划行为理论"为检索词,自1980年至2006年的26年间,共检索出有关这两种理论的定性研究2项。仅有李京诚在1999年以北京市两所高校的199名大学生为被试,就这两个理论对我国大学生身体锻炼活动预测的适用性进行了为期四周的实验研究。研究结果表明:态度是影响大学生锻炼意图的重要因素。主观行为控制虽然没有为意图预测身体锻炼活动做出显著贡献,但它的加入却明显提高了意图的预测水平。这与理论本身和国外的相关研究结果一致。

四　评　价

尽管合理行为和计划行为理论是目前解释和预测体力活动和锻炼行为最成功的理论模型之一,但它仍存在一定的局限性。

第一,该理论没有将人格因素(如焦虑、完美主义等)、人口统计学因素(如年龄、性别、社会经济地位等)和过去的运动经历等因素考虑进去。

第二,对于主观行为控制的定义模棱两可,致使对其的测量产生问题。

第三,产生行为意图到真正行动之间的时间间隔越长,真正行动的可能性就越小。

第四,主观准则的构成成分问题。

前期研究结果一致表明,态度、主观行为控制对行为意图的预测作用是显著的、一致的,但主观准则的预测性则较低。

第三节　阶段变化模型(跨理论模型)

对于大多数人来说,要形成或改变一种行为模式(如从惯于久坐的生活方式变为开始参加锻炼的生活方式)是一个巨大的挑战。通常情况下,变化不可能瞬间发生,而是要经历一个可能包括数个阶段的过程。处在不同的阶段,不同个体在认知及行为上的表现也可能不尽相同,那么,使用单一方法和单一理论去解释、说明和推动行为的改变,显然是不恰当的。

目前在国外广泛使用的有关解释、说明和预测锻炼行为的计划行为理论,自我效能理论等,在对锻炼行为进行研究时,不是将锻炼行为看作为一个动态变化的变因,而是将其二分化,把重点集中在了锻炼的结果上(即锻炼或不锻炼)。不但如此,在促进和维持锻炼行为的干预措施及项目的开发和运用研究中,也忽视了个体会处在不同锻炼阶段的可能性,使用统一的内容和措施对锻炼行为进行干预。这样做不仅会让人对研究结果的信、效度产生怀疑;同时对锻炼行为过于简单的二分化也使得研究者无法对影响和决定锻炼行为的各心理因素及心理变化过程进行更为细致地分析和研究。

1983 年,Prochaska 和 DiClemente 正是依据"同一个尺寸不可能适合所有人"的哲学理念提出了阶段变化模型,也称跨理论模型。该模型在综合比较了心理治疗及行为科学领域的主导理论后提出,将锻炼行为划分为了五个不同的阶段。通过影响锻炼行为阶段变化的心理因素对其动态变化过程进行解释、说明和预测,并通过行为干预措施的实施促进人们从对锻炼不关心、产生兴趣、准备开始锻炼、实施锻炼到坚持持续性锻炼一步步的转变。该模型中"变化阶段(stages of change)"概念的提出,不仅为研究者明确锻炼行为的心理影响因素及其随阶段变化而变化的模式提供了可能,同时也为处于不同阶段的人群制订相应行为干预措施(stage-matched intervention)提供了机会。此模型不同于其他仅将锻炼行为二分化的理论,一经提出立即受到了西方各国锻炼心理学、健康心理学、保健学等多学科学者的关注。截至 2001 年,在西方锻炼心理界共有关于此模型的大小研究 71 项发表。研究主要集中在以下两个方面:①针对此理论各构成要素的横向性研究;②对锻炼行为进行预测,并为增进锻炼行为而进行的行为干预研究。

一　阶段变化模型概述

1983 年,Prochaska 和 DiClemente 提出的阶段变化模型由变化阶段(stages of change)及对其产生影响的均衡决策(decisional balance),变化过程(processes of change)和自我效能(self-efficacy)等四个因素组成。

1. 变化阶段

变化阶段作为该理论最主要的核心组成部分,打破了传统上仅从做/不做或锻炼/不锻炼完全二分化结果的层面上看待问题的局限,而是用动态的眼光,通过以不同速率、螺旋形升降的变化阶段及影响阶段变化的心理因素(见图 2-6),对整个行为改变的动态过程进行解释和说明。锻炼行为的变化经历了五个阶段,即前预期阶段(precontemplation)、预期阶段(contemplation)和准备阶段(preparation),行动阶段(action)和维持阶段(maintenance)。

处于前预期阶段的个体完全没有任何作出改变的意图,预期阶段的个体则在以后 6 个月中有开始锻炼的意图。个体处于准备阶段时,在一个月内就有开始改变行动的意图。行动阶段指已经开始锻炼活动，但持续时间不足6个月的阶段。处在维持阶段的个体则是坚持锻炼已经超过6个月的群体。最近，有学者认为还存在着第六阶段，即终极阶段(termination)。是指那些坚持体力活动或锻炼行为已经超过了5年以上，参与者已经从前五个阶段的动态变化中脱离出来，成为人们所追求的健康生活模式中的最终阶段。变化阶段是一个既稳定又动态变化的概念。1986年，Prochaska和DiClemente提出，发生行为改变时，个体将会以具有上升和下降趋势的螺旋方式，以不同的速率由一个阶段向另一个阶段发展。

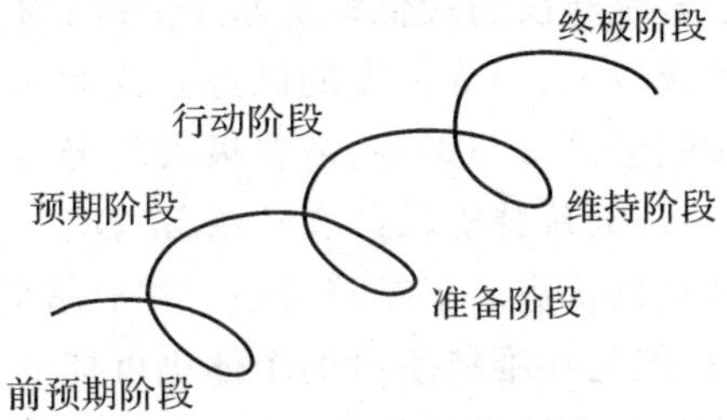

图2-6　变化阶段螺旋发展图

(1)前预期阶段("我不可能"，我"不会"阶段)　处在前预期阶段的个体没有考虑过，也不想参与体育锻炼。他们不认为自己静坐不动的生活方式或想法有什么不对，也不想在将来对自己的行为进行改变。他们甚至可能认为改变根本是不可能的。处在此阶段的个体具有，无论何种理由或原因，都没有意图要采取锻炼行动的特点。他们之所以处在前预期阶段很可能因为：①不认为锻炼对自身是有价值的；②虽然认识到了锻炼对自身的价值，但却过高估计了"没时间"等障碍因素的作用。

(2)预期阶段("我可能"阶段)　预期阶段的个体已经意识到静坐不动的生活方式可能存在健康风险，并且开始考虑今后6个月中，是否开始参与锻炼的问题。处在该阶段的个体已经产生了需要改变的意识，因为他们已经认识到了锻炼可能给自身带来的健康收益(如，可以降低患心脏病的风险)和弊端(如，可能减少与家人在一起的时间)。他们开始关注锻炼可能促进生理、心理和社会适应健康方面的信息，但还没有完全认同此类信息。

(3)准备阶段("我会"阶段)　处在准备阶段的个体已经开始慎重考虑或计划在不久的将来参与锻炼，他们不仅有了开始锻炼的意图，而且已经采取了一些准备行动，例如，买了新的运动鞋，去健身俱乐部进行了注册等。甚至已经开始尝试饭后散步，或打球等一些锻炼项目。虽然属于准备阶段的个体基于对锻炼可能带来收益的积极认识，已经有了强烈的参与动机，但仍是一个相对不稳定的阶段。

(4)行动阶段("我是"阶段)　已经开始锻炼，"我是锻炼参与者"的阶段。处在行动阶段的个体需要动员力量和时间，尽可能保证自己达到美国运动医学学院建议的最低锻炼水平。即:每周锻炼3次或以上,每次持续时间30分钟或以上,中等强度的锻炼。或者达到我国建议的体育人口锻炼水平。因为刚刚尝试参与锻炼,需要极大的努力保持,以至于不出现倒退或反复的现象。

(5)维持阶段("我已经"阶段)　当个体坚持锻炼超过6个月之后,他(她)就被确认进入了维持阶段。尽管锻炼行为已经逐步成为个体日常生活的一部分,但处在维持阶段的个体仍可能受到失去兴趣和注意转移的影响。不断强化坚持锻炼带来的收益可以有效防止向低级阶段的下滑及反复。

此外还有终极阶段　当个体坚持体力活动或锻炼超过了5年以上,就被认为已经从前五个阶段的动态变化中脱离出来,而向低级阶段下滑或反复的可能也消除了。这个阶段是人们所追求的健康生活模式中的最终阶段。到目前为止,有关终极阶段的相关研究相对有限(见表2-4)。

表2-4　锻炼行为变化阶段的操作性定义

变化阶段	操作性定义
前预期阶段	在随后6个月中,也完全没有开始锻炼意图的阶段
预期阶段	在随后6个月中,有意图开始锻炼的阶段
准备阶段	在随后的1个月内,有开始锻炼意图阶段
行动阶段	已经开始锻炼活动,但持续时间不足6个月的阶段
维持阶段	坚持锻炼已经超过6个月的阶段
终极阶段	坚持锻炼行为已经超过5年以上,已经从前五个阶段的动态变化中脱离出来的最终阶段

2. 均衡决策

均衡决策概念最早出现在1977年由Janis和Mann提出的决策"平衡表(balance sheet)"中,主要用于个体评价一种行为对自身可能产生的收益(pros)和弊端(cons)。在阶段变化模型中,收益和弊端权衡的结果取决于个体处在哪一个阶段。当个体认为锻炼可能给自身带来的弊端(占用了做其他事情的时间)大于收益(增进心理健康)时,想要改变行为(由惯于久坐改变为开始参与锻炼)的动机水平就会比较低。因此,处于锻炼前预期和预期阶段的个体被假设认为锻炼的弊端大于收益;处于准备阶段的个体被假设认为锻炼可能带来的收益与弊端大致相等;而处于行动阶段、维持阶段和终极阶段的个体则被假设认为锻炼的收益远大于弊端。DiClemente和他的同事指出:评价锻炼的收益和弊端对帮助研究者理解和预测锻炼行为在前三个阶段间(即,前预期阶段,预期阶段,准备阶段)的转换有益,而对后两个阶段间(即行动阶段,维持阶段)转换进程的预测能力则极为有限(见图 2-7)。

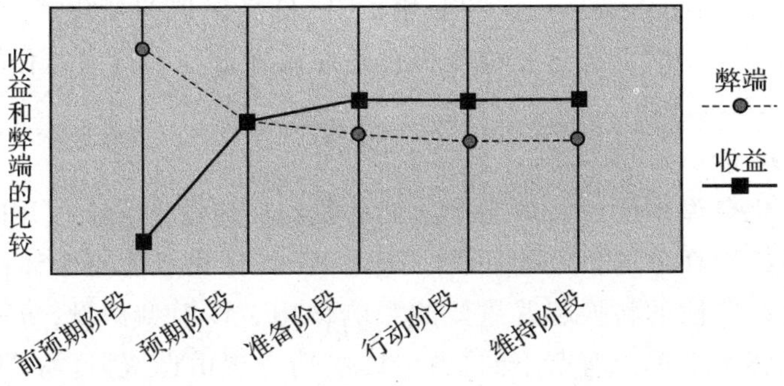

图 2-7　处在不同变化阶段的锻炼收益与弊端比较

3. 变化过程

变化过程概念是在综合了 300 多种心理治疗理论的基础之上构建和提出的。它指个体随着行动变化而产生的行为的、认知的和情绪上的反应,由各包含着 5 个下位因素的认知过程(cognitive processes)(意识提高、效果共感、环境再评价、自我再评价、社会性解放)和行为过程(behavioral processes)(反条件化、互助关系、强化管理、自我解放、刺激控制)组成(见表 2-5)。

表 2-5　变化过程构成因素及其概念一览

因素	定义
认知过程(cognitive processes)	
意识提高(consciousness raising)	收集有关锻炼的各类信息
效果共感(dramatic relief)	表达和体验锻炼带来的结果
环境再评价(environmental reevaluation)	自身所处环境对锻炼的影响的感知和评价
自我再评价(self reevaluation)	建立积极、健康的自我形象
社会性解放(social liberation)	利用社会资源(政策,习俗等)增进锻炼行为
行为过程(behavioral processes)	
反条件化(counter-conditioning)	用锻炼替代静止性活动
互助关系(helping relationships)	寻找支持帮助自身坚持锻炼
强化管理(reinforcement management)	通过自我或他人奖励对锻炼的积极效果加以强化
自我解放(self liberation)	坚持将锻炼生活化的承诺
刺激控制(stimulus control)	为坚持锻炼设置各种提示信息

依据阶段变化模型，个体在由前预期阶段向维持阶段转换的过程中，会出现以下三种变化：①对锻炼认识的变化；②对自身认识的变化；③环境对锻炼产生影响的变化。而上述这三种变化正是在认知过程和行为过程的综合作用下产生的。

4. 自我效能

阶段变化模型中的自我效能概念就是我们在通常意义上使用的对自己能否完成某项特殊任务的信心的评价。毫无疑问，自我效能对个体由锻炼的低级阶段向高级阶段的转换起着重要的影响作用。该模型假设，每一变化阶段的自我效能感水平都会有所不同，当个体成功实现由低级阶段向上一级阶段转换的时候，就会因此获得效能感；反之，当个体在原变化阶段徘徊或跌落回前期阶段的时候，效能感会因此而下降。有众多研究成果证实了这一假设，即当个体克服锻炼障碍，将锻炼行为由前预期阶段推进至维持阶段时，自我效能也呈现出了系统的增加趋势。

二 阶段变化模型的测量

1983 年，Prochaska 和 DiClemente 提出阶段变化模型后，直到 1992 年才由 Marcus 和她的同事们最初开发了测量变化阶段的《锻炼行为变化阶段分量表》(1 个项目)(Stages of Change Scale for Exercise,)。随后，他们又陆续开发了测量阶段变化模型其他组成因素的量表。这些量表经过其他研究者的不断改进，目前使用的有《均衡决策分量表》(10 个项目)(Decisional Balance Scale for Exercise)、《自我效能分量表》(18 个项目)(Exercise Self-Efficacy Scale,)和《变化过程分量表》(30 个项目)(Processes of Change Questionnaire,)等。

如图 2-8 所示，在明确定义何为规律性锻炼后(规律性的锻炼是指一周 3 次或 3 次以上，每次 30 分钟或 30 分钟以上的中等强度锻炼。锻炼时间 30 分

锻炼变化阶段
1.请指出下列哪一种叙述与您现在的锻炼水平最为接近：
A。是，我锻炼，并且已经持续了6个月以上 。(维持阶段)
B。是，我锻炼，但没有持续超过6个月 。(行动阶段)
C。我偶尔参与一些锻炼，并打算从下个月开始进行规律性的锻炼 。(准备阶段)
D。不，我不锻炼，但考虑在6个月之内开始规律性锻炼 。(预期阶段)
E。不，我不锻炼，在今后6个月之内也没有要开始锻炼的想法 。(前预期阶段)

图 2-8 如何测量锻炼变化阶段

钟可以是持续30分钟的锻炼,也可以是几次间歇锻炼累积30分钟的锻炼),让被试判断下列哪一种叙述与其现在的锻炼水平最为接近。图中被试选择C,则表明其现在处于参与锻炼的准备阶段。

三 相关研究成果

阶段变化模型创立之初是为了减少吸烟这种非健康行为。随后,该模型被逐渐用来尝试理解诸如控制体重、乳腺检查及锻炼等一些健康行为。除了该模型的研究初衷至今仍没有改变以外,它在锻炼领域的应用一直最为广泛和深入。尽管阶段变化模型因为将不同理论融合在一起,使得各理论间处在一种"奇怪"的关系中;没有将性别、种族等中介变量考虑其中;及变化阶段和变化过程间的关系模棱两可等原因受到批评。但从该理论提出至今,在相关领域引起的"研究热潮"经久不衰;与其他社会认知理论相结合所进行的成功尝试;大量横向及部分纵向研究结果对该理论组成因素的支持;及相关行为干预措施的开发和应用,都使阶段变化模型成为一个"大家所接受的,超越其他行为科学领域内的理论对效度要求的,被广泛运用的模型"。

2006年,Spencer和他的同事对阶段变化模型从提出到2003年20年间的150项相关研究进行了综述,其中有关行为干预措施的研究38项,占25.3%;以不同人群为被试,检验该模型的研究70项,占46.7%;验证该模型的研究42项,占28%。

1992年,Marcus和她的同事首次以阶段变化模型为基础进行了体力活动和锻炼行为干预研究,行为干预的目的是为了提高研究对象的锻炼参与率。研究以610名社区志愿者为被试,在实施行为干预之初,有39%的被试处于预期阶段,37%处于准备阶段,24%处于行动阶段。为期六周的阶段对应式行为干预(stage-matched intervention)的内容包括:三套不同的自助式材料,宣传运动观点的手册以及每周趣味散步和"活力之夜"等活动。6周后,有236名被试接受了电话回访,结果显示:有17%的被试报告他们仍处在预期阶段,而处在准备阶段和行动阶段的被试分别为24%和59%。结果证明:行为干预措施对促进被试的锻炼行为向更高阶段发展起到了积极推动作用。

2003年,Adams和White对以阶段变化模型为基础发表的26篇论文中涉及的16项行为干预研究进行了综述。16项研究中的7项以咨询为主要的行为干预方式;4项使用了以TTM模型为基础编写的文字材料;另外5项研究则综合使用了上述两种方式。结果显示:阶段对应式行为干预比统一行为干预(non-staged matched intervention)在促进短期锻炼行为(6个月之内的锻炼行为)的参与和发展方面表现出了极大的有效性;而其促进长期锻炼行为(长于6个月的锻炼行为,即锻炼的坚持性)的效果则令人失望。

检验TTM模型是针对该模型进行的最为活跃的研究领域之一。以被试的性质和特征为划分标准,广大研究者以美国普通人群、非美国普通人群、儿童、青少年、大学生、女性、职场职员、患者以及老年人等作为研究对象,进行了广泛的研究。绝大部分研究结果均发现:处在更高锻炼阶段的个体与许多积极的心理品质有关,例如自我效能感强、广泛使用变化过程因素、对锻炼益处的强烈认同、良好的疾病管理习惯,以及积极坚持健康习惯等。但这一研究结果却不适用于儿童和青少年。尽管已经有研究者在尝试开发适用于儿童和青少年的测试工具,但对于为什么会出现这个例外,众多的研究者仍没有给出一个比较明确的定论。

从1995年起,Courneya和他的同事们将阶段变化模型与健康信念模型等其他社会认知理论的组成因素联系起来,从一个全新的视角对TTM模型进行了一系列研究。与健康信念模型结合进行研究的结果发现,完全不运动人群的主观觉察严重性指标要比处于前预期阶段的人群低,而处于前预期阶段人群的主观觉察严重性又低于处在预期阶段的人群。随后,主观觉察严重性进入一个平台期,即处于准备阶段、行动阶段和维持阶段人群在该指标上不存在差异。因此,Courneya指出,主观觉察严重性的主要作用在于激发人们由完全不运动向开始慎重考虑运动的转变。

1998年,Courneya, Nigg和Estabrooks利用一个持续3年的纵向研究设计,检验了计划行为理论、变化阶段和体力活动之间的关系。研究者发现,计划行为理论对体力活动具有显著的预测作用。对体力活动具有最强预测性的因素是意图,而非变化阶段。2000年,Courneya和Bobick以427名大学生为研究对象,利用横向研究设计检验了TTM模型中变化阶段、变化过程因素和计划行为理论间的关系。研究结果表明,计划行为理论的组成因素对10个变化过程因素中的8个与变化阶段间的关系具有调节作用。同时,5个行为变化过程对主观行为控制因素也具有预测作用。认知变化过程和行为变化过程均对态度具有预测作用。研究者认为,综合计划行为理论和阶段变化模型对体力活动有了更深的了解。不但洞察了个体如何成功改变自身的锻炼行为(通过变化过程因素),同时也了解到了个体为什么会成功改变锻炼行为(通过计划行为理论因素)。

有关阶段变化模型的验证性研究是最具争议的领域之一。该模型是在综合心理治疗和行为理论的基础之上提出的,模型中所包含的变化阶段和变化过程因素由 Prochaska 及其同事在对 300 多个心理治疗理论进行提炼的基础上提出；均衡决策因素来源于 1977 年 Janis 和 Mann 完成概念化的决策“平衡表”；自我效能因素则来源于班杜拉的相关理论。组成阶段变化模型的各因素来自于不同的理论背景。虽然 Culos-Reed 和她的同事指出，检验该模型的证据非常有限。但他们同时主张：“有事实充分证明，我们已超越其效度证据，做好了接受阶段变化模型应用价值的充分准备”。2002 年，Schumann 等人对变化阶段因素的结构效度进行了验证，虽然还有其他学者对相关测量工具进行了效度检验，但证据有限。

在中国学术期刊全文和维普全文期刊上，以“阶段变化”和“跨理论”等为检索词，自 1983 年至 2006 年的 23 年间，共检索出有关阶段变化模型的研究 14 项，其中定量研究 9 项，占 64.3%；定性研究 5 项，占 35.7%。定性研究多以介绍该理论为主，而定量研究则集中体现了目前国际上在该领域研究的主要趋势。其中涉及调查性研究 4 项，干预性研究 3 项，验证性研究 2 项。研究对象主要以大学生为主，仅有 3 项研究分别以社区普通居民和青少年为对象进行了尝试。

四　评　价

虽然阶段变化模型的提出为研究者依据变化阶段概念就分属不同锻炼阶段人群的不同需要，有的放矢地设计行为干预措施提供了可能，但它仍有一些不足之处。1997 年，Joseph 等人就指出了以下五点阶段变化模型存在的不足：

1. 前期研究成果并不强有力的证明，行为变化阶段可以被分为六类。

2. 变化阶段和变化过程之间的关系不够明确。

3. 此模型更多的只能是对目标行为进行描述而无法进行解释。

4. 没有将年龄、性别等中间变量考虑到这个模型中。

5. 由众多理论融合而成的这个跨理论模型，使得各理论间的关系难以得到合理解释。

国内对阶段变化模型的应用虽然有了起步，但相关研究也存在以下主要问题：①绝大部分研究中没有使用阶段变化模型中的核心概念之一“变化过程”；②干预研究中行为干预措施的制定缺乏依据；③干预研究除对实验组和对照组在实验前后的锻炼参与率及被试所处锻炼阶段的变化情况进行统计外，重点了解了被试在锻炼态度和信念上的变化，而并没有反映出该模型中各心理因素在实验前后对被试的锻炼行为产生了怎样的影响；④测量工具使用混乱，没有进行必要的信、效度检验。

第四节　自我决意理论

自我决意理论最初是为了理解内部兴趣(intrinsic interests)和外部奖励(extrinsic rewards)对人类行为的影响作用而提出的，而研究的重点主要集中在了理解奖励的作用上。前期的研究结果通常显示，外部奖励可以被接受者主观理解为两类中的一类：一类被认为接受到的信息与竞争有关。例如，一个儿童因为在一场球类比赛中表现出色而获得了特别的奖励，他极可能将获得的奖励理解为对其作为一名竞赛者的肯定。第二类则被认为接受到的信息与受控有关。还是上例中的儿童，如果特别奖励被认为是刺激他继续参与竞赛的诱因，那么奖励就可能被主观理解成让他继续参与竞赛的一种贿赂了。传递给个体“你是一名高水平竞赛者”信息的奖励，增加了他继续参赛的内部动机；反之，传递给个体“你无法再控制参赛的理由”信息的奖励，则降低了他继续参赛的内部动机。

或许这样一个表明对奖励的主观理解可以控制游戏功能的故事对你来说并不陌生。一群孩子总是在一位老人家门外嬉戏，喧闹的声音终于有一天让老人家忍无可忍了。一天，他把孩子们叫进了家，告诉孩子们他是多少喜欢看见他们在门前玩耍，但是因为他年老听力下降，想给每个孩子25块钱，希望他们第二天再来玩耍的时候，可以弄出更响的声音来以便让他听得更清楚。孩子们同意了。第二天，孩子们在老人家门前制造出了巨大的动静，他们每人因此得到了25块钱。第三天，孩子们又来了，还是闹得不可开交，他们又得到了甚至更多的钱。然而到了第四天，老人告诉孩子们，他得把钱减少到每人20块钱，因为他没钱了。第五天，钱减到每人只剩5块钱了。孩子们生气地告诉老人，他们费尽时间和力气制造声音，不止值5块钱，他们不会再来了。从此，老人家的门前重新恢复了平静。这个故事告诉我们，曾经让孩子们乐此不疲、制造噪声的动机，在奖励被主观理解为行为受控之后下降了。

一　自我决意理论概述

早期的研究强调，内部动机和外部动机是相互独立的，一方发挥作用，则另一方就不会。然而，后期的研究证明，这一假设无法恰当地解释人类行为。在此基础上，Deci 和 Ryan 提出了自我决意理论。随后，Vallerand 及其同事利用该理论在锻炼领域内进行了一系列相关研究。

在自我决意理论中，从内部动机（intrinsic motivation）到外部动机（extrinsic motivation）被假设为一个变化的连续体，在外部动机的终极端是无动机（amotivation），即缺乏对某一活动的动机（见图 2-9）。在变化连续体的中间部分是外部动机。依据自我决意理论，外部动机被认为是一个多维度因素。第一个维度被称为"外部调节（extrinsic regulation）"，指个体实施某一行动完全是为了获得奖励或避免惩罚的动机。例如，个体 F 被医生告知，如若再不改变久坐不动的生活方式，最直接、最迅速的后果可能就是住院。在此情况之下，他（她）极其勉强地开始参加锻炼。此时的个体 F 被认为是通过外部调节激发，开始参与锻炼的。

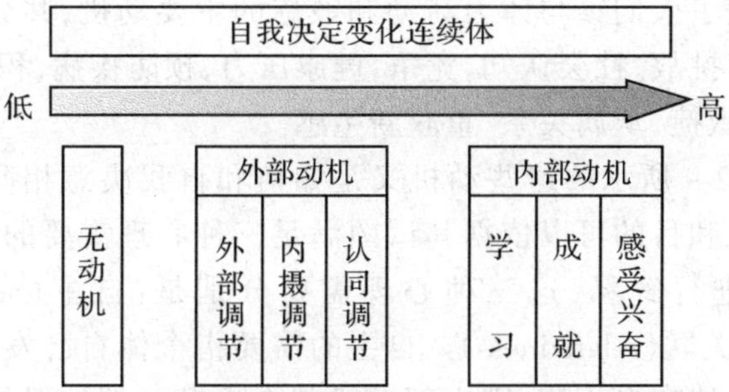

图 2-9　自我决意理论构成因素

处在外部调节右侧，外部动机的第二个维度是"内摄调节（introjected regulation）"，指个体将先前完全外部的调节不完全内化的动机。如前例的个体 F，这个不情愿、勉强的锻炼参与者，终因参与锻炼而会进入一个健康的非高风险状态。如果进入此种状态后，他（她）仍旧认为自己"应该"，"必须"坚持锻炼，那么，此时激发他（她）的动机来源就可能是内摄调节。外部调节和内摄调节的区别在于，处在后一种状态的个体已经开始实现行动动机的内化了。

处在内摄调节的右侧，外部动机的第三个维度是"认同调节（identified regulation）"，指个体自由选择实施某一行为的动机，不是为了娱乐，而是认为该行动对实现个人目标极其重要。个体已经将"我想要……"内化。仍旧是上例的个体 F，此时的他（她）坚持规律的锻炼的动机，不是为了享受锻炼本身，而是因为他（她）认同锻炼对保持、增进健康异常重要。

变化连续体的另一端是内部动机，指个体因为自身的原因，或极其享受某行动过程而参与其中的动机。Vallerand 及他的同事认为，内部动机同样是一个具有多维度的因素，包括学习（learn）、成就（accomplish task）和感受兴奋

(experience sensations)三部分。内部动机的一部分是朝向学习——享受参与某一活动,并从中获得新知识的愉悦的动机。例如,某些个体选择跑马拉松,试图去了解自己的身体在这种压力之下会发现怎样的变化。

内部动机的第二部分是朝向成就的动机。战胜自我,征服如此长的距离,会使马拉松参与者 G 对自己倍生成就感。感受兴奋的动机是内部动机的最后一个组成部分。某些个体参与锻炼完全是因为异常享受伴随锻炼过程的大汗淋漓、心跳加速、力量饱满等反应。

依据 Willis 和 Campbell 研究结果,个体参与锻炼的主要动机有:防止冠状动脉类心脏疾病、改善外表、控制体重、享受锻炼带来的快乐、自我满足、扩大社交范围、改善心理健康水平等。Markland 等人开发了《锻炼动机调查问卷》,并借此调查了人们参与体力活动和锻炼的主要动机,共分为以下 14 类:管理压力,享受,挑战,社会认知,竞争,健康压力,预防疾病,积极健康,体重管理,外表,力量,敏捷,从属关系,重获新生感。

那么,如图 2-9 所示的这些动机又是如何和自我决意相联系的呢?个体参与锻炼的动机和目的可以依据其试图满足三种心理需要的程度,即自我决意感的程度来进行解释,这三种心理需要分别是:自主(autonomy),能力(competence)和关联(relatedness)。自主的需要指个体自己发动,并调节行为的愿望。如果个体有自主感,则内部动机就会提升。例如那位成功驱赶走孩子喧闹声的老人。能力的需要则是指个体希望与其生活的环境有效进行相互影响的愿望。如果一个行动为个体提供了能力感,那么个体的内部动机也会提升。个体 H 选择参与了体育舞蹈这项锻炼活动,但却发现自己永远都无法和队伍中的其他人合拍。那么,他(她)极可能更换锻炼项目,因为体育舞蹈无法使其产生与环境有效交互作用的能力感,而内部动机也因此受到了影响。最后一种心理需要反映的是个体希望与他人构筑良好关系的愿望,我们称之为关联感。众多的前期研究成果均证实,增加社会体验和社会联系是促使个体参与锻炼的最重要的需要。

依据 Deci 和 Ryan 的假设,不同类型的动机均与自我决意感密切相关。当一个行为在外部动机的驱使下执行时,最低程度的自我决意感就显现出来。而在变化连续体的另一端,完全的自我决意感则与各种不同的内部动机表现相联系。还是前面提及的个体 F 的例子。他(她)被动参与锻炼的诱因完全是为了避免消极后果(即住院)的发生。此时,其自我决意水平无疑是最低的,动机也只能归为外部调节的水平。根据自我决意理论,对于目前的个体 F 而言,如何坚持锻炼和继续投入努力是一个极大的挑战,而与锻炼相关的情绪反应也不可能太积极。相反，对于自由选择参与马拉松的个体 G 来说，自由选择尝试完成某一任务，使其自我决意感很强。此时他（她）的意志力和投入的努力都很高，而与锻炼相关的情绪体验也非常积极（见图 2-10）。

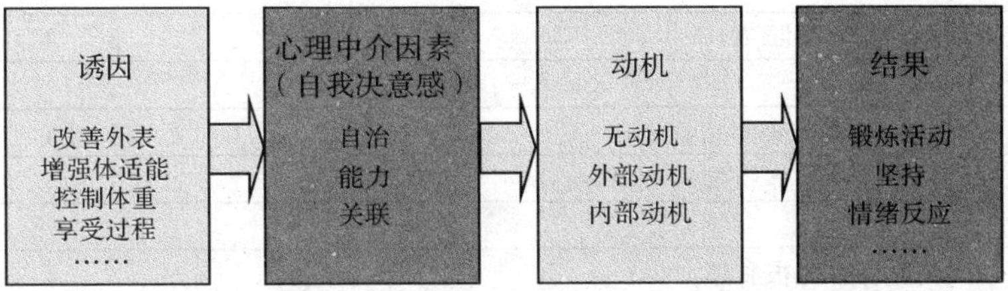

图 2-10　诱因，自我决意，动机和行为效果之间的关系

二　自我决意理论的测量

自我决意理论提出之后，研究者也尝试研制了测量其构成因素的各类工具。其中包括由 Pelletier 等人开发的《运动动机量表》（Sport Motivation Scale, SMS）。运动动机量表由 7 个分量表组成，分别评价内部动机的三个不同维度，即学习、成就和感受兴奋；外部动机的三个维度，即外部调节、内摄调节和认同调节；和无动机。Li 研制了《锻炼动机问卷》（Exercise Motivation Scale）。与此同时，Markland 及其同事共同开发的《锻炼动机调查问卷》（Exercise Motivation Inventory, EMI）和《锻炼中的行为调节问卷》（Behavioral Regulation in Exercise Questionnaire, BREQ），并在此基础上对 BREQ 不断进行了修订和完善。

如图 2-11 所示，“0”到“4”的变化连续体表明了题干所述情况与被试目前状况的符合程度。如图中所示，当被问及“我参加锻炼是因为别人认为我应该锻炼”时，被试选择了“3”。这表明，被试比较符合勉强、被动参与锻炼的情况。我们可以认为他（她）是通过外部调节激发开始参与锻炼的。而在“内摄调节”，“认同调节”和“内部动机”部分，被试都选择了“0”。这就表明，他（她）并没有将参与锻炼的动机实现内化，而且更不是为了实现某个个人目标而自由选择参与锻炼。因此，我们判定该被试处在外部动机的最低层次“外部调节”阶段，而其自我决意感也处在最低水平。

三　相关研究成果

最初有关内部动机和外部动机的研究都是在实验室、学校和运动场景下进行的。直到近期，研究者才开始关注自我决意理论在体力活动和锻炼领域

外部调节	不正确		有时正确	完全正确	
·我参与体育锻炼是因为别人认为我应该锻炼	0	1	2	③	4
·我参与体育锻炼是因为我的家人／朋友／配偶认为我应该锻炼	0	1	2	③	4
内摄调节					
·如果我不锻炼，我有负罪感	⓪	1	2	3	4
认同调节					
·我重视体育锻炼给我带来的收益	⓪	1	2	3	4
·如果我不参与规律性的体育锻炼，我会心里不平静	⓪	1	2	3	4
内部动机					
·我锻炼，因为体育锻炼很有趣	⓪	1	2	3	4
·我从参与体育锻炼中得到了愉悦和满足	⓪	1	2	3	4

图 2-11　如何测量自我决意理论各构成因素

内的适用性。1999 年,Li 使用他研制的锻炼动机问卷,以 598 名参与锻炼频率有所不同的大学生为研究对象,对他们的锻炼动机进行了研究。有趣的是,他发现,女大学生更多是出于内部动机而参与锻炼。如希望知道参与锻炼后,身心会发生怎样的变化(学习的动机),希望通过坚持锻炼而获得成就感(成就动机)及享受锻炼过程给自己带来的愉悦(感受兴奋)等。经常参与锻炼的大学生(即每周参加锻炼 2 次或以上者)比非经常参与者(即每周参加锻炼 1 次或完全不锻炼者)表现出了更高的内部动机水平。Li 同时还检验了与锻炼有关的自主、能力和关联感是如何同锻炼动机发生关系的。研究结果表明,与自我决意理论的假设一致,自主感、能力感和关联感与内部动机的三个维度显示出了正相关,而与无动机之间呈负相关。

意图作为合理行为理论和计划行为理论中的核心组成部分,被证实能够很好地预测锻炼行为。那么,学生参与业余锻炼的意图会受到其在体育课中自主感水平高低的影响吗?在体育课中的低控制感可能会转换或影响学生参与业余锻炼的意图和行为吗?1997 年,Chatzisarantis 及其同事以 160 名青少年为研究对象,对上述问题进行了研究。他们使用“我不知道我为什么要上体育课”为题,测量青少年是否无动机;以“因为体育课很趣”来反映内部动机,“因为我不上体育课的话,我就会有麻烦”来反映外部调节,以“因为我想通过体育课得到提高”来反映内摄调节,以“因为如果我不上体育课,我会对自己感受很糟”来反映认同调节。

Chatzisarantis 和他的同事发现,在无动机测题上得分高的青少年,其参加业余锻炼的意图得分也较低,而且业余锻炼行为表现也不佳。有趣的是,与他们的预测不符,在体育课中表现出的自主感,和可控型的行为调节动机(外部动机中有控制感的调节动机,如内摄动机和认同动机)均与参加业余锻炼的意图和行为有关。他们解释出现这一结果的原因可能是,业余时间给青少年提供的宽松感觉,导致他们在因果关系的主观判断上由外部转换到了内部。Chatzisarantis 解释说,这种转换可能当重要人物支持青少年行为选择的动机,而又不强迫青少年按特殊方式行动时出现。因此,体育课对于学校来说是必须的,所以学生参与;然而业余活动则是学生在有兴趣和有自治感的基础上自由选择的。

其实,人们参与锻炼和体力活动的多数动机都来源于外部,例如控制体重、改善体形、这些不但展示了外部动机的外部调节(强制的运动可以避免如因过度肥胖而导致的高血压等更为严重的后果),内摄调节(个体认为他们可能应该参与锻炼)层面,更展示了认同调节(参与锻炼不是因为享受过程,而是因为它很重要)层面。Markland 等人曾假设,尽管外部动机原本仅是促使个体参与锻炼的催化剂,但我们应当把研究焦点集中在初始采取锻炼行为向后继坚持锻炼行为的转化上。上述转化也暗示了自我决意过程,随时间,由毫无自我决意(如外部调节阶段)经过有限自我决意(如内摄调节阶段)向中等程度自我决意(如认同调节阶段)至完全自我决意(如内部动机的学习、成就和感受兴奋阶段)的转换(见图 2-9)。为了验证这一假设的可能性,1997 年,Markland 及其同事使用阶段变化模型为理论框架进行了相关研究。

314 名 30 岁中段的成年男女接受了《锻炼行为变化阶段分量表》和《锻炼中的行为调节问卷》的调查。Markland 及其同事发现,处在前预期阶段、预期阶段和准备阶段的个体比处在行动和维持阶段的个体表现出了更低的自我决意水平(参见本章第三节)。换言之,随着个体锻炼阶段由低级向高级的发展,他们的行为调节也变得越来越可控,即自我决意水平越来越高。动机由以前的"必须做什么","应当做什么"转变为了"喜欢做什么"和"享受做什么"。但是,因为研究采用的是横向设计,因此,Markland 及其同事还指出,尽管变化趋势喜人,但仍旧无法断定"个体是因为自我决意水平高而导致其发展到了锻炼的行动和维持阶段,还是因为他们处在行动和维持阶段而引起了自我决意水平的提高"。

四 评 价

相对于前几节介绍的理论和模型,自我决意理论还是锻炼心理学领域内的"新生儿",仍旧需要更多的实证研究去验证它在描述、解释说明和预测锻炼行为方面的有效性。之所以将其放入本书进行介绍，主要原因是该理论在解释锻炼这种成就行为方面可能将展现出的巨大潜力。其实，自我决意理论中内部动机、自主感概念与自我效能理论中的自我效能，计划行为理论中的主观行为控制等，有异曲同工的特点。因此，理解促使个体参与锻炼的各种不同水平的动机，以及它们在自我决意变化连续体中所处的位置，对于有效开发行为干预和影响策略是非常有益的。

尽管自我决意理论在锻炼心理学领域的发展前景光明，但仍有以下几方面的研究亟待我们去实施：①自我决意和锻炼兴趣、爱好，及其他情绪状态之间的关系如何？②提供自我决意理论在预测锻炼行为方面的有效证据。例如，自我决意理论各组成因素能否预测长期性的锻炼行为；又如当锻炼阶段发生变化时，自我决意理论各组成因素的水平变化又将如何？③以自我决意理论为框架设计的行为干预措施对锻炼行为会有何影响？干预措施是否有效，等等。

第五节　其他相关理论

健康信念模型是经修改，最早运用于解决健康问题的行为理论之一。今天，它仍旧是健康行为领域最广为人知的理论框架。20 世纪 50 年代初，当时为美国公共卫生组织（U. S. Public Health Service）工作的社会心理学家 Godfrey Hochbaum，Stephen Kegels 和 Irwin Rosenstock 最早介绍了该模型。最初，它关注于解释人们极低的预防性健康检查问题。Rosenstock 等人假设：除非个体拥有健康相关知识和动机；主观认为他们具有受到潜在的、被病毒威胁的可能性；觉得病情严重；确认预防是有效的；并且认清接受预防检查的困难和障碍时，才有可能接受预防性检查。基于该模型的第一个研究尝试是由 Hochbaum 在 1952 年完成的。他利用该模型假设，试图确认影响人们在肺结核的早期诊断过程中接受胸部 X 光检查的因素。随后，它被应用于医疗、健康领域及控制饮食和调节体力活动方面。健康信念模型是一个解释和预测人们实施各种预防性健康行为的主要理论框架。

一　健康信念模型概述

健康信念模型最初是由以下四个基本成分构成，即主观觉察易感性（perceived susceptibility）、主观觉察严重性（perceived severity）、主观觉察收益

(perceived benefits)和主观觉察障碍(perceived barriers)。它们主要用于说明人们做好采取行动的准备程度。这四个成分还受到社会心理因素、人口统计学因素和“行动暗示”(cues to action)的调节(如年龄、性别、个性、大众传媒、亲近朋友的发病、他人的相关建议等等)(见图2-12)。1988年,Rosenstock等人又尝试将自我效能因素加入了该模型,用以补充说明由吸烟、缺乏运动和过量饮食等不健康行为向健康行为转变时所引起的挑战。

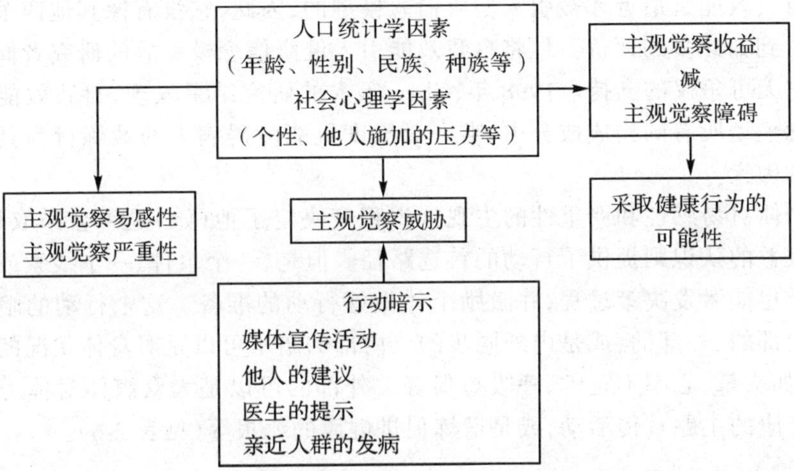

图 2-12 健康信念模型(N. Janz & M. Becker, 1984)

如果采取一个行动就可以避免疾病的话,个体至少在实施这个行动之前就已确信他(她)是那个疾病的易感个体。对于疾病或是某种状况的主观觉察易感性存在着明显的个体差异,个体主观认为的易感性与多种健康行为的实施,诸如免疫接种、定期牙科检查和肺结核检查等,有密切的联系。至于体力活动,如果个体认为自己具有患冠心病的危险性,那么他(她)就有可能开始锻炼以减少其对该疾病的主观觉察易感性。

主观觉察严重性则指的是个体已感染某种疾病,而且(或是)在还没有接受治疗的情况下,他(她)对健康状况严重程度的主观感觉。主观觉察严重性同样存在着个体差异,这种感觉可以从某种疾病将引起的问题或困难的角度来理解。例如个体在评价癌症的严重性时主要是依据:①治疗后果,如疼痛、不适、死亡和残疾;②社会后果,如给家庭、朋友或亲近的人造成困难;③职业后果,无法正常工作和产生经济负担。

主观觉察收益说明采取建议行动后所能达到的减少危险和严重性的功

效。个体所确信的行动收益将决定其向哪一个方向努力。例如,冠心病的危险人群,即长期静止不动的人群将不会提高他们的体力活动水平,除非他们主观认为体力活动是可行的和有效的。即使个体相信采取行动是有益的,并且认为自己拥有实施此项行动的效能,但他(她)仍有可能什么也不做。不行动与主观觉察障碍有关。通常情况下,影响个体参与体力活动的障碍因素有缺乏动机、对运动器械的不适、经费问题、没有时间和身体不适等。

自我效能是最近才被引入健康信念模型的,因此,它没有像其他四个成分一样受到如此多的评价。但将自我效能引入健康信念模型后的研究者们发现了对它无可争议的支持。1998年,Chen等人的研究结果发现,自我效能是健康信念模型所有的构成成分中,唯一对极度机能障碍病人的锻炼行为具有预测性的因素。

个体对易感性和严重性的主观认识程度决定了他(她)是否会采取行动,而对收益的认识则提供了行动的首选路径。但是,一个事件、一个线索或是一个暗示也能激发决策过程,并激励个体做好行动的准备。这个行动的暗示可以是内部的、外部的,或是内外同步的。内部的暗示可以是对身体状况的主观觉察,如头晕、心率不正常、呼吸短促等。外部的可以是大众媒体对体力活动有益健康的主题宣传活动,或是锻炼促进健康的海报等(见表2-6)。

表2-6 健康信念模型组成成分的定义、应用和实例

成分	定义	应用	实例
主观觉察易感性	个体对患某种疾病可能性的主观认识	判定人们处于风险中,基于个体的特征和行为作出风险判断。提高风险意识	我患冠心病的风险很高,因为我久坐不动,或体重过重
主观觉察严重性	个体对某种状况及其后果严重性的主观认识	强化风险的不良后果	冠心病是可能让我失去生命的严重疾病
主观觉察收益	个体对采取行动减少风险和不良后果影响的功效的主观认识	判定何时、何地、如何采取行动。明确期待的积极行动后果	我将每周步行六天,每次半小时。进行身体活动将使我更健康,并减少患心脏疾病的可能性
主观觉察障碍	个体对采取行动的生理、心理支出的主观认识	确信并通过再判断、激励和支持减少行动障碍	进行身体活动将占去我做其他感兴趣事情的时间

续表

成分	定义	应用	实例
行动暗示	刺激行动的线索	提供"如何做"信息和暗示,增强意识	我将购买健身录像带和杂志,并在冰箱上做记号以提醒我锻炼
自我效能	对自身采取行动能力的自信程度	提供实施行动的训练和指导	我将慢慢的、逐步增加步行的频率、强度和持续时间

健康信念模型提出,个体是否会实施一种健康行为很大程度上与认知决策过程有关。这个过程受个体的信念和情绪控制,并且基于决策的变化而随时间发生线性改变。行为的转变是由准备程度,即健康信念之间的权衡,和环境因素所引起,其目的则是为了获得或保持一种积极的健康状态。尽管有人主张,行动暗示在行为转变过程中起影响作用,但这一观点并没有得到足够的证实。相反,最近的分析表明,主观觉察障碍是影响行为改变的最具影响力的信念系统。1997 年,Strecher 和 Rosenstock 认为,主观觉察易感性和严重性提供了行为改变的力量支持,而消除障碍则被认为是为行为改变提供可行的路径。从 20 世纪 50 年代提出健康信念模型至今,它一直是健康行为和预防医学领域内被最广泛运用的理论模型之一,但它并不完美。

二　健康信念模型的测量

到目前为止仍旧缺乏一个一致性的,针对健康信念模型的测量工具。虽然有人主张多样性的测量工具可以增加模型的效度,但它也直接导致了测量结果的不一致性,并且增加了相关研究间进行比较的难度。最近虽然开发出了有关锻炼的信念、收益和障碍的问卷,但这也无法代替对其的直接评定。

三　相关研究成果

1984 年,Slenker 等人利用健康信念模型对 124 名慢跑者和 96 名不锻炼者的行为进行了预测。研究者发现,慢跑者和不进行任何锻炼的人在健康问题严重性的主观觉察、慢跑的障碍、慢跑的益处和引起慢跑的线索方面均存在着差异。正像该模型所建议的,与不锻炼者相比,慢跑者对不进行此项运动将引起的健康问题的严重性有更高的认识,并且认为慢跑很有益,引起此项运动的线索很多,障碍很少;而主观觉察易感性则对慢跑行为不具预测性。有一点是值得强调的,主观觉察的行为障碍是区分慢跑者和不锻炼者的最重要的因素。不锻炼者将他们的坐久不动归结为没有时间,家庭和工作的责任,恶劣的天气和缺乏兴趣、动机等,而这些因素不但是可能改变的,而且也完全可能由个人所控制。其他一些研究也相继发现,主观觉察障碍是影响体力活动的强有力因素。

还有研究者发现,健康信念模型的组成成分对不同健康行为的预测能力不同。1985 年,O'Connel 等人应用该模型,对 69 名肥胖青少年和 100 名非肥胖青少年的节食和锻炼行为进行了预测。并以 58 名青少年(包括肥胖和不肥胖的)为被试者,对他们关于肥胖问题的严重性,以节食和锻炼方式来减肥的线索,益处和社会支持等情况进行了先期调查,掌握最普遍的反应,用以编制健康信念模型测试问卷。随后的研究结果发现,节食的收益是对肥胖青少年节食行为最强有力的预测因子,而对可能引起肥胖的主观觉察易感性则最好地解释了非肥胖青少年目前的节食行为。有关锻炼的暗示最好地解释了肥胖青少年的锻炼行为,关于锻炼最显著的暗示线索包括来自外部同伴的压力和来自内部的不良健康和肌肉状况。没有一个健康信念模型的构成成分有效地预测了非肥胖青少年的锻炼行为。研究者认为,针对肥胖青少年的体重控制计划应当着重强调鼓励他们参与有氧锻炼的线索,这些线索可以综合内、外部以扩大影响效果。同时,研究者还指出,健康信念模型对锻炼行为的解释是有限的。

1990 年,Oldridge 和 Streiner 就健康信念模型对心脏病康复患者锻炼顺从行为和退出率的预测性进行了研究。研究者对 120 名男性冠状动脉疾病患者的主观觉察易感性、主观觉察严重性、主观觉察收益、障碍和行动暗示 5 个因素进行了评价。被试参与了一个持续 6 个月的锻炼计划,其中每 2 周有 1 次持续 90 分钟的锻炼指导。研究者还建议被试 1 周至少进行 3 次户内锻炼。锻炼计划结束后,研究者将被试分成锻炼顺从组和退出组,退出组又被进一步分为不可避免退出组和可避免退出组。不可避免退出的原因包括心脏问题、死亡、搬家;而可避免的退出原因则包括失去动机和兴趣、不舒服、疲劳。研究结果发现,有 62 名(52%)被试退出了实验。就他们退出的原因进行分析,有 34 名被认为是可避免退出,28 名为不可避免退出。依据健康信念模型,在锻炼顺从者和退出者之间,仅有主观觉察易感性存在着差异,而这差异还是与研究假设背道而驰的,即锻炼顺从者的主观觉察易感性较退出者低。研究结果发现健康信念模型的预测能力非常小。

四 评 价

1984 年,Janz 和 Becker 指出,有超过 40 个研究对健康模型理论给予了实质性的支持和肯定，但 1992 年 Harrison 等人的元分析结果却发现，该模型的效果量虽然显著，但效果量很小且变化范围极大，前瞻性研究的效果量比回溯性研究的效果量明显小。健康信念模型被主要应用于疾病及其预防行为，是以避免疾病为出发点的，将其不加修改地直接应用于锻炼和体力活动领域是存在问题的，因为人们参与体育锻炼的动机并不仅仅是为了减少患病的风险。另外，一些有限的将其应用于锻炼领域的研究结果发现，主观觉察易感性与静止有关，而非积极的健康行为。从整体而言，健康信念模型在预测锻炼和体力活动的参与和坚持行为时是不成功的，其对非锻炼行为的参与性则有众多的支持例证。

虽然健康信念模型对锻炼和体力活动的预测能力极为有限，但作为最早运用于解决健康问题的行为理论之一，其历史地位不可低估。今天它仍在预防医学、护理学、物理康复医学及相关领域发挥着巨大的作用。

第三章 锻炼行为的"流行病学"特征

今天,我们参与体育锻炼的形式日见多样化,从有组织的运动,如篮球,到休闲运动,如踢毽子;从提高体适能的运动,如慢跑,到户外运动,如登山等;世界各国的不同人群(不同性别、不同年龄、不同种族),都在以各种不同的原因参与锻炼。尽管已有大量的研究结果证明,锻炼在增进健康、改善外表、减少焦虑状态等多方面对人体有益,但遗憾的是,仅有很低比率的普通人在享受着锻炼给人体带来的收益。美国疾病控制与预防中心曾报道,不运动加上不健康的饮食,每年导致美国 365000 例"可预防性" 死亡的发生。这一数字占了可预防死亡率的 16%,仅次于每年因吸烟而导致的死亡率。此外,世界卫生组织也证实,不健康饮食和不运动是导致非传染性疾病(如心血管疾病、糖尿病和某些癌症)的两大主要原因。

不运动或缺乏运动不仅成为美国等发达国家的问题,也将成为中国等发展中国家需要面临的问题。事实上,随着经济水平和科学技术水平的飞速发展,科技在不断地给我们的生活带来更多省时、省力设备(如电梯、遥控器、汽车等)和更多的娱乐方式(如电视、DVD、电脑游戏、因特网等)的同时,也改变了我们的生活方式。对比一下 20 世纪初人们的生活方式,再来看一下今天的我们,或许结论就不难给出了(见表 3-1)。

表 3-1 生活方式变化表

100 年前	今 天
室外卫生间(需要步行)	室内卫生间
牛拉犁(人扶犁)	机械化设备
骑马,骑车,步行	开车
楼梯	电梯
锤子	射钉抢
用桶在井中取水,挑水	户内水龙头

更为糟糕的是,今天人们的职业也越来越多依赖于脑力而不是体力,这就相应增加了精神压力,而对体力成分的需求则变得越来越小。这种"无需体力"社会的逐步形成,不但引起了世界卫生组织的关注,同时也引起了美国等发达国家相关组织的注意。美国在《健康国民 2010》计划中,明确提出了提高国民体力活动和锻炼参与率及体适能水平的目标(见表 3-2)。社会的这一变化,为锻炼心理学的兴起提供了可能。同时,锻炼心理学也将继续在提高普通人群锻炼参与率和坚持方面发挥巨大的影响作用。在详述如何应用锻炼心理学来影响普通人的锻炼参与和坚持行为之前,有必要先回顾一下目前国际范围内的锻炼行为流行模式和特点是什么。

表 3-2　(美国)健康国民 2010:发展体力活动和体适能目标

● 减少不参与体力活动的成人比率
● 增加每周参与 5 天或 5 天以上,每次持续至少 30 分钟,中等强度锻炼的青少年的比率
● 增加每周参与 3 天或 3 天以上,每次持续至少 20 分钟,高强度锻炼,以促进和保持心肺适能的青少年的比率
● 增加参与锻炼,以加强和保持肌肉力量和耐力的成人比率
● 增加参与锻炼,以加强和保持柔韧性的成人比率
● 增加将锻炼作为学生每天必修内容的公、私立学校数比率
● 增加至少 50% 的体育课时间内,参与锻炼的青少年的比率
● 增加工作单位提供职员受益型锻炼和体适能项目的比率
● 增加徒步旅行的比率
● 增加自行车旅行的比率

第一节　锻炼行为模式

在了解锻炼心理学是通过什么原理影响人们的锻炼行为之前,我们有必要先了解以下几个问题:①**谁**:谁参与锻炼。②**什么形式**:参与何种形式,进行多大量的锻炼。③**为什么**:因为何种原因而参与锻炼。④**何时**:通常选择什么时间进行锻炼。⑤**何地**:通常选择在什么地点进行锻炼。在问这几个问题的时候,其实进入了所谓流行病学相关研究关注的范畴。但这并不代表锻炼与流行病学之间存在着什么关系，而是在探讨锻炼行为特点的时候，我们借助了流行病学研究问题的方法和视角。清楚了这一点，就不会再问为什么第三章的标题是锻炼行为的“流行病”学特征了吧！

除了上述五个问题值得研究之外，在借助流行病学的视角研究体育锻炼时，我们还关注不同年龄、性别、种族、受教育程度、社会经济地位人群锻炼行为模式的特点；为什么有些人参与锻炼，而有些人却不参与(参见第一章第二节)；锻炼与发病率(morbidity)和死亡率(mortality)之间存在何种关系等。这些信息在锻炼、健康专家为不同人群制定行为干预策略，判断干预效果，及突出目前锻炼行为模式所引发的公共健康影响时，具有极其重大的意义。很显然，在这一点上，锻炼心理学和流行病学拥有共同的兴趣。

我们不可能将所有国家的锻炼行为模式在此讨论，而是将已进行过相关大型调查，并有可信资料的某些国家拿来进行比较。这些国家包括美国、加拿大、澳大利亚、英格兰和苏格兰。相关资料从以下公开发表的文件中获得：

1. 健康国民 2010(USDHHS, 2004)；

2. 英格兰健康调查(Health Survey for England)；

3. 苏格兰健康调查(Scottish Health Survey)；

4. 加拿大体适能与生活方式研究中心的“体力活动监测”(Physical Activity Monitor)；

5. 澳大利亚成人的体力活动模式(Physical Activity Patterns of Australian Adults)。

由于各国在收集资料时使用了不同的标准，特别是对“规律性锻炼”，“高强度锻炼”，“不锻炼”等概念的操作定义有所不同，因此为比较带来了很大困难。在本节中，我们仅直观描述在不同年龄、性别、种族、社会经济地位和受教育水平下，各国人群在体力活动和锻炼行为方面所展示出来的一般特征，请读者在下结论时谨慎。

一　成人锻炼模式

在上述五个国家中均发现了维持静坐不动生活方式的个体异常普遍的现象。大致而言，有40%～60%的上述国家国民没有达到 ACSM 建议的锻炼运动量，而根本不做任何锻炼的人也不在少数。在美国和苏格兰，分别只有23%和24%的成年人参与每周至少 3 次或 3 次以上，每次持续 20 分钟以上的高强度运动，以增强心肺适能。另外，仅有 15%左右的美国成年人坚持每周 5 次或 5 次以上，每次 30 分钟左右的规律性锻炼；而这一数字在加拿大也仅为23%;澳大利亚报道其成年人参与规律性锻炼的比例较大——为57%。维持静坐不动生活方式的个体在上述各国国民中所占的比例依次为:澳大利亚15%,英格兰和苏格兰大约为20%~26%,美国38%,加拿大56%。

二　年龄和锻炼

个体对锻炼的参与程度随年龄的增长总体呈现下降趋势。英格兰在一项有关儿童持续保持坐姿和锻炼习惯的研究中发现,上述两项活动在3岁左右儿童一周的生活中,大约占10小时左右。当儿童的年龄增至15岁左右时,青少年儿童每周保持坐姿17~18个小时,而参与锻炼活动的时间则下降至4~8小时。这一发展趋势不但给上述五个发达国家,也给包括我国在内的发展中国家拉响了一个警报。在澳大利亚,保持静坐不动生活方式的18~29岁成年人有6.3%左右,而对于60~75岁的老年人而言,这一数字几乎增加了三倍,为18%。在苏格兰,16~24岁年龄阶段人群保持静坐不动的比例为18%,到了65岁以上人群,这一比例上升至了60%。在加拿大,父母报告其1~4岁孩子每周锻炼、玩耍的时间大致为28小时左右,到了13~17岁的青少年阶段,这一时间就几乎下降了一半。事实上,研究结果显示,在加拿大,有超过一半(50%)的青少年持续静坐不动。

孩子们在体育课上的表现也不容乐观。在美国,43%的儿童在每一教学日中看电视的时间不少于2小时,有四分之一左右儿童每天至少花4个小时在电视机前。作为影响,9~12年级学生中仅有29%的人每天参与体育课,而在全美,只有17%的公立和私立学校要求孩子每天上体育课。同样,6~17岁的加拿大青少年儿童中,仅有17%的人每天上体育课。虽然上述数字令人不安,但有研究结果却显示,青少年时期锻炼的水平与其成人后的锻炼水平无关。换言之,活跃的青少年儿童并不代表会发展成为活跃的成人。

事实上,对于科学家而言,一个最重要的挑战在于:如何将青少年儿童参与锻炼的兴趣转化为“终生”参与的习惯。

在年龄变化轴的另一端,即老年人阶段,也表现出了类似于青少年儿童的,锻炼参与程度下降的趋势。以美国为例,惯于久坐的成年美国人比率随年龄变化的趋势如图3-1所示。令人担忧的是,在澳大利亚、加拿大、英格兰和苏格兰也显示出了同样的变化趋势。

三　性别和锻炼

由于社会、历史对男、女性别角色的定位不同,直接导致了男性和女性在

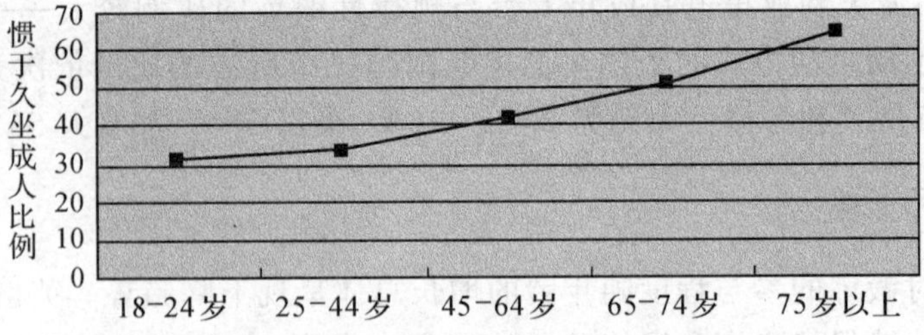

图 3-1　惯于久坐的美国成年人比例随年龄变化趋势

参与锻炼行为上的差异。从历史上看，男性比女性运动更多，尽管这种差距在近代已经明显缩小，但在锻炼行为模式上的性别差异仍旧存在。例如，加拿大男性(47%)比女性(41%)更喜欢运动。类似的，美国女性比男性保持惯于久坐生活方式的人数高出了14个百分点。在苏格兰，尽管男性比女性运动的更充分(38%对27%)，但男性的运动水平随年龄增长始终呈下降趋势，而这种趋势对于女性而言直到40岁过半才显现。

这种模式在各国儿童中间同样存在。在加拿大，有54%的男孩(5～12岁)达到了国家要求的锻炼标准，但对于女孩而言，这一数字仅为43%。这一性别差异到了青少年阶段则更加显著，有52%的男生运动充分，女生仅有36%。

此种性别差异不但存在于锻炼量方面，男性、女性在锻炼形式的选择上也有所不同。美国男性比女性更喜爱参与各种高强度的锻炼或力量训练、自行车项目等。同样，苏格兰男性也更喜欢参与高强度的锻炼项目(35%对24%)，而女性则更喜欢中等强度的锻炼项目。

四　社会经济地位和锻炼

国际上有关社会经济地位与锻炼关系的相关资料并不充分。从美国方面获取的资料显示：低经济收入个体比美国普通成年人更倾向于参与稍少的高强度锻炼(14%对16%)，而且他们的不锻炼的比例也比全体美国成年人的比例要高(28%对23%)。在苏格兰，拥有高社会经济地位的个体更倾向于参与中等或高强度的锻炼。而来自于英格兰的资料也显示，所有锻炼项目的参与率均与家庭的收入水平显著相关。经济收入占社会上层的人群中，有88%的男性和84%女性持续参与各类形式的、中等或高强度的锻炼；而经济收入列社会底层的人群中，这一数字则分别为66%和68%。

五 受教育水平和锻炼

来自澳大利亚的资料充分显示了受教育水平与充分参与锻炼与否之间的关系。接受教育少于12年的个体中,充分参与锻炼人数的比例仅为38.6%,而拥有高中毕业证和拥有高中以上学历个体中的锻炼参与率则分别为47.0%和52.3%。在美国,锻炼参与率受教育水平的影响则更显著。如图3-2所示,最极端的例子为,惯于久坐人数的比例随受教育水平的增加而急剧下降的趋势。事实上,受教育水平不仅影响个体本身的锻炼行为,对其后代也会产生影响。参加足够增强心肺适能的高强度锻炼的青少年比例如下:父母没有完成高中学业的青少年50%;父母完成高中学业的青少年54%;父母有过大学经历的青少年68%。因此,受教育水平对锻炼模式的影响可能不止一代。

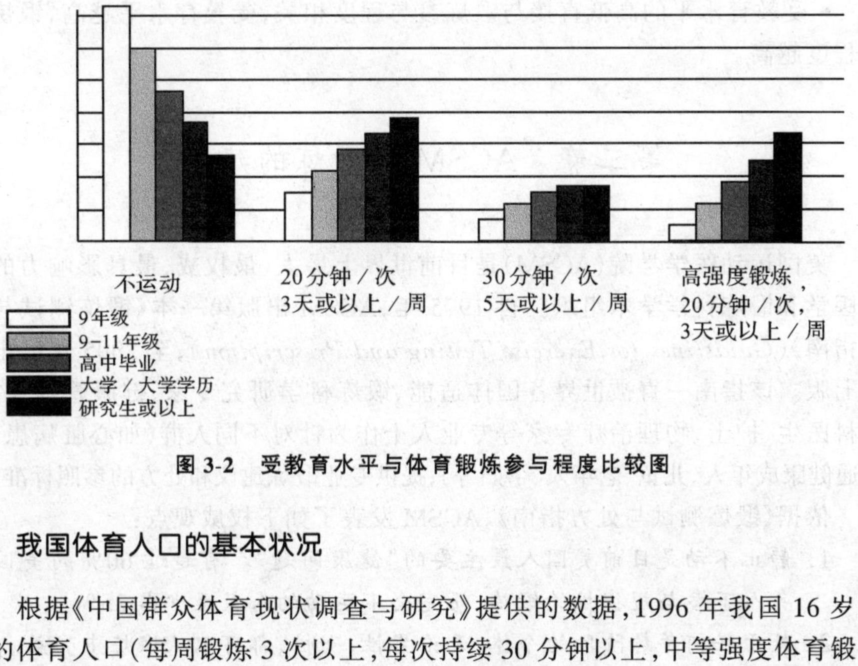

图 3-2 受教育水平与体育锻炼参与程度比较图

六 我国体育人口的基本状况

根据《中国群众体育现状调查与研究》提供的数据,1996年我国16岁以上的体育人口(每周锻炼3次以上,每次持续30分钟以上,中等强度体育锻炼者称为体育人口)为15.46%。体育人口中男性占62.13%,女性占37.87%。25岁以下体育人口占体育人口总数的30.47%,61~65岁次高,26岁后骤然下降,41~45岁降至最低点,51岁后开始反弹。城乡居民中不参加锻炼者的个人月收入主要分布在100元以下至300元之间各组;偶尔参加体育活动者分布在100元以上至400元之间各组;而体育人口则主要分布在200~500元之间各组,呈台阶状上升趋势。

综上所述，无论是我国的相关研究结果，还是国外有限资料显示的锻炼行为模式在不同人口统计学因素(如性别、年龄、受教育程度等)影响下的变化趋势如下：

• 总体来说，各国坚持规律性锻炼，并能获得最小健康收益的人群比例非常低。保守估计，各国中至少有超过 50% 的人群没有达到美国 ACSM 建议的锻炼量和锻炼强度，至少有 25% 的人群完全不锻炼。

• 参与锻炼的时间随年龄的增加而呈现下降趋势，相反，保持静坐不动生活方式的时间却随年龄的增加呈现出了上升的趋势。

• 尽管男性更倾向于参与高强度的锻炼项目，但女性倾向于参与同等量的锻炼，至少是同等量的中等强度锻炼。

• 尽管差距很小，但低收入群体仍倾向于参与比普通人群稍少的锻炼。

• 受教育水平的高低直接与锻炼参与程度相关，受教育水平越高，锻炼参与程度越高。

第二节　ACSM 对锻炼的建议

美国运动医学学院(ACSM)是目前世界上最大、最权威、最具影响力的运动医学和锻炼科学学术组织。自 1975 年，ACSM 出版第一本《锻炼测试与处方指南》(*Guidelines for Exercise Testing and Prescription*)，至 2005 年已出版第七版。该指南一直被世界各国体适能、锻炼科学研究专家、健康管理专家、内科医生、护士、物理治疗专家等专业人士作为针对不同人群(如心脏病患者、普通健康成年人、儿童、老年人、孕妇等)，提供专业锻炼建议和处方的参照标准。

依据《锻炼测试与处方指南》，ACSM 发表了如下权威观点：

1. 静止不动是目前美国人最主要的“健康问题”。有超过 60% 的美国成年人不参与规律性的锻炼，而完全不运动的人数至少占 25%。
2. 处于任何年龄阶段的个体，无论男性、女性，都可以从锻炼中受益。
3. 锻炼特别对处在接受治疗过程中的慢性病患者和残疾人有益。
4. 持有久坐不动习惯的人群即便是进行适度的锻炼，也可使健康、体适能水平和幸福状态得到提升。
5. 锻炼不一定达到高强度，就足以使参与群体获得健康收益。
6. 巨大的健康收益在持续增加锻炼强度(intensity)、频度(frequency)和持续时间(duration)时可能获得。

7. 锻炼可以降低任何原因，包括心血管原因而导致死亡的风险，还可降低冠心病、肥胖、高血压、乳腺癌和直肠癌，特别是糖尿病的患病风险。
8. 锻炼可以增进精神健康，特别是对肌肉、骨骼和关节的健康有益。
9. 锻炼测试可以提供评价机能能力，锻炼影响的安全性，以及各类行为干预措施有效性方面的重要信息。另外，结果对于患病率和死亡率具有长效、显著的预测作用。
10. 高强度锻炼可以徒然降低个体肌肉骨骼并发症，心血管问题，以及其他不良反应。

下面就针对无症状(即健康)人群和儿童、老年人等特殊人群，分别介绍ACSM的锻炼建议和处方参照标准。

一　制订锻炼处方的一般原则

增加锻炼，增强心肺适能可以降低由冠心病和其他各类原因导致死亡的风险性。不断增加的研究成果显示，即便参与中等强度(3～6梅脱，即MET，表示安静时代谢率)的锻炼，甚至当有氧适能(aerobic fitness)(如，最大吸氧量)仍旧没有改变的情况下，个体仍可以获得健康收益。为了促进普通群众对这一观点的理解和接受，美国疾病控制和预防中心(CDC)及美国运动医学学院联合建议：**成年人应当在一周的绝大部分时间，最好是每天，参与持续30或30分钟以上的，中等强度的体育锻炼。**实现这一目标的锻炼“金字塔”如图3-3所示。处于金字塔塔尖的是持有静坐不动生活方式的人群，随着每周参与锻炼频度和持续时间的增加，普通人从锻炼中的获益的程度也就越来越大。

CDC和ACSM所建议的锻炼强度(即3～6梅脱)其实是静坐不动人群、超重及无症状(即健康)个体，实现提高体适能水平的锻炼强度的最下限。为了使更多的普通人从锻炼中获得健康收益，或者更大限度提升体适能水平，在CDC和ACSM的锻炼建议基础之上去做，去坚持吧！

对于健康人群，主要评价健康适能中的心肺适能、肌肉力量和耐力以及柔韧性。为达到提高以上三种体适能的目的，在锻炼过程中应遵循以下两条主要原则：①超负荷锻炼；②有针对性的锻炼。

超负荷锻炼原则意指，为了提高某一组织或器官的机能，必须让它在一个不适应的负荷下受到影响。反复让组织或器官在这一负荷下受到刺激，就可以最终达到提高机能能力的目标。每一个锻炼处方都必须明确锻炼的强度、持续时间和频度这三个要素。在这三个要素的相互作用下，逐渐累积超负荷锻炼的作用，最终使相应组织或器官完全适应这一负荷。

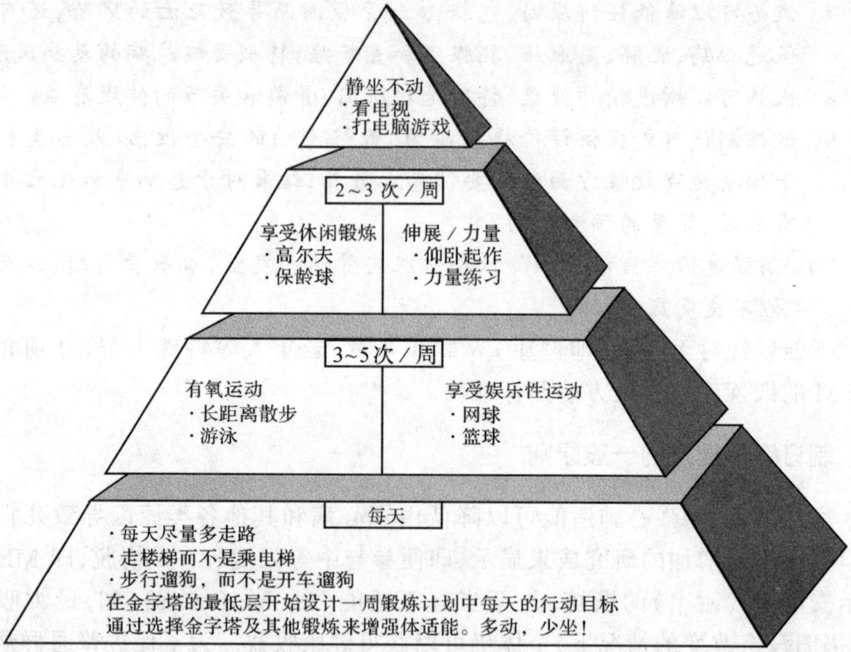

图 3-3　体育锻炼金字塔(类似于健康饮食金字塔)

针对性原则意指,源自锻炼的效果必须针对锻炼过程中包括和受到刺激的肌肉和组织。例如,低阻力、高重复的锻炼可以导致活动肌肉中线粒体数量的增加,从而引发相应肌肉耐力的提高,但肌肉力量的变化较小。反之,高阻力、低重复的锻炼可以导致肌肉力量的变化,而对肌肉耐力的影响则很小。另一个表明锻炼针对性原则的例子是,在不同锻炼形式下,即便设置的锻炼强度相同,心血管的反应也会有所不同。这是因为,在不同的锻炼中受影响肌肉的锻炼状况不同。

锻炼处方是设计用来提高个体体适能,减少慢性病患病风险,确保锻炼过程中的安全和增进健康的。基于每个个体的爱好、健康需要和临床状况的不同,执行过程应该因人而异。例如,对惯于久坐,具有过早出现慢性病患病风险的个体而言,采用适度的活动生活方式就足以为其提供重要的健康收益,并帮助他们坚持下去。这远比制订提高最大吸氧量的锻炼目标要简单易行得多。然而,对于希望提高体适能的人群而言,情况就有所不同了。在任何情况下,锻炼处方都应以最大限度满足特殊个体的特别需要为原则。

一个系统、科学、个性化的锻炼处方包括锻炼形式(mode)、强度、持续时间、频度和进程(progression)五部分。在针对任何年龄、任何体适能水平,无论是否具有患病风险或是否患有疾病的个体制订和应用锻炼处方时,都应详细考虑上述五个因素。锻炼处方适当与否可以通过个体对它的反应进行客观评价。这些反应包括:心率,血压,主观努力程度评价(rating of perceived exertion scale, RPE),心电图(ECG),直接或间接测量的最大吸氧量等。

锻炼处方制订的一般原则虽然是在大量前期研究成果的基础之上提出的,但因为个体的健康需要和自然属性的不同,我们不可能像应用数学公式去分析测试数据一般,完全刚性地制订并执行 ACSM 的锻炼建议。锻炼处方应当依据个体对其的反应和适应程度而进行相应的调整。制订锻炼处方的最基本目标当然是引发个体健康行为的变化,最终实现锻炼的习惯化和生活化。因此,针对某一个体最为适当的锻炼处方应当是一个可以帮助个体实现这一行为转变的处方,即将锻炼的科学基本原理与行为改变技术成功结合,导致个体长期坚持锻炼计划,并最终实现行为改变目标的处方。

通常情况下,一次锻炼任务应当包括以下几方面:热身(warm-up),持续训练阶段(endurance training),放松活动阶段(recreational activities),回复平静阶段(cool-down)(见图 3-4)。如果在持续阶段进行耐力训练,一周通常应

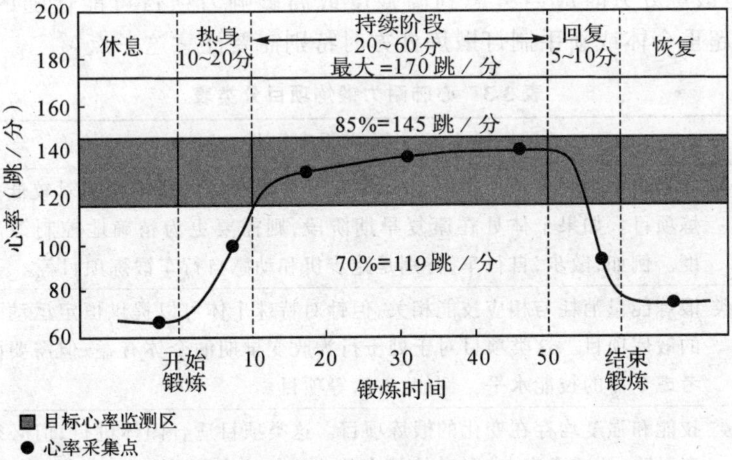

图 3-4　一次锻炼任务阶段分解图

该进行3～5 次;而如果在持续阶段进行柔韧性或力量训练的话,则一周通常进行 2～3 次就足够了。柔韧训练也可以在热身或回复平静阶段,或在一个单独的时间内进行;而力量训练通常应当在不进行耐力训练的那几天进行。上述这几类训练均可以组合在一个完整的锻炼计划中。

以提高心肺适能为例。提高心肺适能就是提高心脏输送氧气到工作肌肉,肌肉利用氧气产生能量并影响耐力表现的过程。心肺适能水平的变化可以通过对平均最大吸氧量的检验来获得,而锻炼的频度、持续时间和强度与平均最大吸氧量的变化直接相关。平均最大吸氧量出现显著提高的现象发生在大肌肉群参与有节奏的、有氧锻炼项目(如散步、跑步、游泳、自行车、舞蹈等),并且锻炼持续足够长时间的情况下。

显然,提供如此广泛的锻炼项目供参与者选择,主要是因为个体在兴趣、爱好和希望获得发展的技能方面存在极大的个体差异,而这又将影响个体能否坚持锻炼及获得希望的结果。针对新手制订锻炼处方时,可以使用第一类锻炼,而任务的执行进展情况则由个体的兴趣、适应程度和临床状况来决定(见表3-3)。散步可以成为很多人的选择,因为它容易实现,而且运动强度适宜。而且,个体在选择坚持进行第三类锻炼之前,极可能经由第一类锻炼,即散步或慢跑。然而,力量训练对提高最大吸氧量影响不大。进行相关力量练习可以增强肌肉力量和耐力,维持或增大肌肉体积,提高肌肉完成日常活动的能力。反复10～15次,每次间隔15～30秒的力量练习,仅能将最大吸氧能力提高6%左右。因此,力量练习项目一般不作为提高心肺耐力的推荐锻炼项目。制定锻炼处方时应当考虑到高强度或高影响力项目可能伴随的受伤风险,针对超重个体或新手制订锻炼处方时特别需要注意这一点。

表3-3　心肺耐力锻炼项目分类表

心肺耐力锻炼项目分类	
第一类	容易将锻炼强度保持在恒定的水平上,并且个体能量消耗相对较低的锻炼项目。如果个体处在康复早期阶段,则需要更为精确地控制锻炼强度。例如,散步,自行车,特别是跑步机和动感自行车锻炼项目等。
第二类	锻炼能量消耗与相应技能相关,但针对特殊个体可以提供恒定运动强度的锻炼项目。这类项目对于处于行为改变早期的个体有益,但需要同时考虑个体的技能水平。例如,游泳等项目。
第三类	技能和强度均存在变化的锻炼项目。这类项目适合团体进行,但必须对高风险,低适合度,或有症状的个体小心。竞争激烈程度是需要考虑和准确控制的因素。例如,篮球、壁球等项目。

二　制订儿童/青少年锻炼处方的一般原则

儿童这类特殊群体相对多动,但他们经常选择短促、剧烈运动而非可持续性运动。当儿童步入青春期和成年早期时,体力活动水平会陡然下降。有资料显示,12～21岁美国青年人中间,仅有50%左右坚持高强度的体力活动,而女孩随着年龄的增加体力活动水平下降的现象则变得更为普遍。20世纪出现的儿童和青少年肥胖问题很大程度上与不锻炼有关。当不锻炼和肥胖保持到成人期后,就增加了发展心血管疾病、糖尿病和其他健康问题的风险。

针对儿童和青春期少年,目前并没有定义非常精确的最佳锻炼量和锻炼形式。但无疑,在制订锻炼处方时,应当充分考虑个体的成熟程度、健康状态、技能水平和以前的锻炼经验。众多健康专业机构建议6岁以上儿童和青少年,最好每天坚持至少30分钟中等强度的锻炼。对于每一个儿童而言,锻炼处方都应着重强调游戏性、娱乐性和兴趣性。对于年龄再大一些的儿童,可以建议每周至少3次,持续20～30分钟的高强度锻炼。儿童不需要监测心率以调节锻炼强度,因为他们患心血管疾病的风险尚小(有先天性心脏疾病的儿童除外),而且通常对锻炼具有良好的调整适应能力。应当鼓励儿童参与形式多样的锻炼项目,训练他们的各大主要肌肉群。甚至包括抗阻力的训练,以充分促进其基础技能、有氧耐力和骨骼的发展。持续地参加锻炼,可以使儿童获得以下收益(见表3-4):

表3-4 儿童参与体育锻炼收益一览

• 增加肌肉力量和耐力
• 促进骨骼形成
• 调节体重
• 降低压力和焦虑水平
• 提高自尊和自我效能感水平
• 降低获心脏疾病的风险
• 带来快乐和愉悦
• 接触社会
• 发展技能

儿童期的锻炼经历对成人后的锻炼行为可能产生影响,因此相关健康专业机构纷纷瞄准学校、家庭和社区等组织,希望他们在促进儿童和青少年拥有积极锻炼经历的过程中充分发挥作用。鼓励学校:

- 为各年龄学生,每天提供上体育课的机会;
- 增加学生在体育课期间保持活动的时间;

• 组织学生讨论参与锻炼给自己带来的健康收益；

• 取消或减少学生对体育课的“豁免权”。

建议社区：

• 为孩子提供游戏、玩要的场地，及安全的基本锻炼设施；

• 为孩子参与业余活动提供各种机会。

父母也应在促进儿童/青少年参与锻炼过程中负担起相应的责任，例如：

• 自己积极投入锻炼，为孩子作出良好的榜样；

• 鼓励、奖励孩子参与锻炼；

• 与孩子共同参与学校或社区的相关活动；

• 鼓励孩子在社区活动（保障安全的前提下）；

• 提供孩子参与锻炼必需的交通保障。

肌肉力量和耐力的培养对儿童/青少年的体适能同样重要。有研究结果证明，儿童可以参与科学计划的、有效监督的抗阻力性力量训练。以下的建议和原则对有意进行力量训练的儿童/青少年具有一定的参考价值（见表3-5）。

表3-5 儿童/青少年力量训练原则

• 所有力量训练都应有相关专业人士近距离监督或指导；
• 无论儿童/青少年的体形多么高大，强壮，看起来有多少成熟，请牢记：他（她）仍旧是一个生理上未发育成熟的孩子；
• 力量训练之初，焦点应直接集中在学习、掌握正确、合理的技术动作及发展力量训练兴趣上；
• 向孩子示范正确的技术动作，然后逐渐鼓励其尝试并调节力量；
• 帮助孩子掌握正确的呼吸技术；
• 强调练习应在有效控制速度的情况下进行，禁止急拉、急动；
• 禁止举重及身体塑性练习；
• 进行全方位，多关节参与的练习；
• 保证孩子能够理解及跟上练习的进度。

儿童/青少年进行力量训练时，应遵循以下锻炼强度、持续时间和频度原则（见表3-6）。

表 3-6 儿童/青少年力量训练频度、持续时间、强度原则

频 度
● 将力量训练的次数控制在每周 2 次，鼓励儿童/青少年参与其他形式的锻炼。
持续时间
● 完成 1～2 组 8～10 个不同的练习，每组重复 8～12 次，保证主要的肌肉均能参与到练习中去； ● 每次练习之间至少休息 1～2 分钟，在练习日之间科学安排休息日。
强 度
● 在孩子未达到 Tanner 五级成熟度时，力量训练中避免重复使用最大力量； ● 力量负荷应控制在每组可以重复完成 8 次或以上的水平，因为过重的重量可能对孩子骨骼的关节结构的发育产生危险和损伤； ● 在肌肉已经疲劳的情况下禁止再持续力量练习； ● 在看见练习效果后，应先通过增加重复次数来调节锻炼强度，而后再增加负荷的重量。

三 制订老年人锻炼处方的一般原则

由于社会的发展、医疗水平的进步，社会老龄化问题已经成为世界上诸多国家必须面对的严峻挑战。人口老龄化会带来一系列社会、经济问题。与其以建立完善的社会保障、医疗保险制度来“消极”地应对老龄化；不如推行终身体育，通过促进老年人参与体育锻炼，从提高老年人自身素质的角度来积极迎接老龄化。

相对于青年人和中年人而言，老年人因为自身的特殊情况，在制订锻炼处方时，无论步骤、方法和“剂量(dose)”都会有所不同。由于具有潜在的、患冠状动脉类心脏疾病的高风险，更应当在制订锻炼处方之前，对老年人进行锻炼测试。测试过程中，有几个关键点值得强调：

第一，测试过程中所选取指标在人体衰老进程中有何变化(见图 3-5)，这对于老年人测试中表现的安全性和有效性至关重要。

第二，生理性老化在每一个老年人身上发生、发展的进程并不一致，因此仅按照实足年龄的大小来定义老年人或对老年人进行分组是不明智的。即使是年龄相同的老年人，其生理状态和对锻炼刺激的反应也可能完全不同。第三，难以区分由于状态不佳，衰老导致的机能下降和疾病产生的效果。第四，由于衰老不可避免，因此衰老进程发展的速度和可逆程度可能可以通过行为干预措施加以调节。最后，时常关注潜在或现存疾病在老年个体身上显现的

安静心率	↔
最大心率	↓
最大心输出量	↓
安静和运动时血压	↑
最大吸氧量	↓
反应时间	↑
肌肉力量	↓
骨密度	↓
柔韧性	↓
脂肪含量	↑
恢复时间	↑

图 3-5　老年人生理特征变化

可能性。

对老年人进行锻炼测试时，可以使用不同形式的不同测试步骤，以下几点值得注意：

1. 对那些身体机能能力可能较低的老年人而言，初始锻炼负荷要低（小于 2～3 梅脱），锻炼负荷的增加量则需更小（小于 0.5～1.0 梅脱）。

2. 对于那些平衡能力较差，神经肌肉协调能力较弱，视力下降，抗阻能力有限，或腿部存在问题的老年人而言，自行车可能比跑步机更可取。

3. 由于老年人平衡能力下降，神经肌肉协调能力较弱，肌肉力量降低和恐惧心理等原因，在使用跑步机时，有必要在两侧添加支持性护杆。但是增加护栏后，在依据运动持续时间和可承受的峰值运动负荷估计老年人峰值运动能力时，可能降低估计的准确性。

4. 依据老年人行走能力的高低设置跑步机的速度。

5. 对于那些难以适应锻炼器械的老年人，初始适应阶段可能需要延长，而测试也可能需要重复进行。

6. 由于锻炼而导致节奏失常的老年人可能比其他年龄阶段的个体更普遍。

7. 老年人服用的药物可能会影响 ECG 和其他反应。

老年人静坐不动的现象更为普遍，这主要是因为随着年龄的增加，独立生活能力越来越差。因此，在锻炼处方制订过程中应该包括心血管适能训练，抗阻练习和柔韧性练习三部分。

1.心血管适能训练

应当鼓励老年人，在可能的条件下，最好坚持每周7天，每天持续30分钟，中等强度的锻炼。这些锻炼可以以加力走(brisk walking)、家务劳动、爬楼梯等形式进行。在坚持以上锻炼水平的前提下，老年人还可以考虑延长锻炼时间，或适当增加锻炼强度，以获得更大的健康收益。重要的是，因为峰值运动能力随年龄的下降，在确定锻炼强度下坚持锻炼活动，可以使老年人较青年人收到更为明显的锻炼效果。

适当的锻炼形式可以影响老年人的生理和心理状况，例如：①散步是最适合老年人的锻炼形式；②水下锻炼和连续性技能锻炼对那些承受力量能力下降的老年人来说尤其有利；③锻炼应该是方便易行，简单有趣的－这些都将直接影响锻炼的坚持性；④团体性锻炼项目由于社会强化作用而对坚持有利。

在针对老年人的锻炼处方中，需要特别考虑锻炼的频度、持续时间和强度因素，见表3-7。

表3-7 老年人锻炼频度、持续时间和强度要求

频 度
·中等强度的体育锻炼最好每天进行； ·如果进行高强度锻炼，每周至少3次，但应该将锻炼日和休息日间隔进行。
持续时间
·即使锻炼时间不连续也可以使老年人获得健康收益； ·对于那么持续锻炼30分钟有困难或希望单次锻炼时间较短的老年人，可以建议他们在一天的不同时段，分三次进行持续10分钟左右的锻炼； ·为了避免损伤，确保安全，老年人可以尝试增加锻炼持续时间而不是锻炼强度。
强 度
·为了减小引发疾病的可能性和促使老年人长期坚持，初始锻炼强度应该尽量低，随后依据个体的表现和承受能力适当增加； ·因大部分老年人均受到疾病困扰，应当保守地增加锻炼强度； ·对于老年人而言，锻炼不必高强度或持续时间过长就可使其获得健康收益，每天进行持续30分钟的中等强度锻炼即可； ·长时间，高有氧的锻炼强度可以提供额外的健康和体适能收益，但同时它也可能增加心血管和肌肉骨骼发生问题的风险，并影响锻炼的坚持性； ·由于65岁以上老年人最大心率存在变化，并且他们具有潜在患冠状动脉类心脏疾病的巨大风险，可以通过用年龄估算最大心率的方法监测有氧锻炼过程； ·使用最大心率百分比去计算老年人的目标心率变化范围，可能可以更准确的估计最大摄氧量百分比； ·老年人因为服药，可能比年轻人更易使最大心率受到影响。

2.抗阻力训练

应该鼓励老年人补充进行增强心肺耐力的锻炼。而抗阻力训练可以帮助老年人保持和提高肌肉的力量和耐力，进而帮助他们防止跌倒，增加灵活性，阻止肌肉的衰老和虚弱。更为重要的是，肌肉适能水平的提高使老年人在晚年健康、独立的生活成为可能。同提高心血管适能的锻炼处方类似，有关抗阻力训练的处方也必须以老年个体的健康状态、体适能水平和特定的参与目的为基础。有关制定锻炼频度、持续时间和强度的一般原则见表3-8。

表3-8 制订老年人抗阻力锻炼频度、持续时间和强度的一般原则

持续时间
·每次锻炼的持续时间超过60分钟的话，可能会影响到锻炼的坚持； ·老年个体完成全部抗阻力练习项目的时间应不超过20~30分钟。
频 度
·抗阻力练习每周至少进行2次，中间至少间隔48小时的休息时间。
强 度
·至少完成一组，8~10个可以练习到大肌肉群的动作（例如，臀部肌肉、四头肌、腓肠肌、胸部肌肉、背阔肌、三角肌，腹部肌肉）； ·每组重复10~15次，主观努力程度RPE自陈水平控制在12~13的水平； ·当看见锻炼效果后，可以通过增加重复数次来增加运动强度，随后再尝试用增加负荷的办法来改变运动强度； ·当锻炼因各种原因而中断后，再次恢复锻炼时，应将运动强度控制在原有强度50%的水平，随后再逐渐增加强度。

不管最终为老年个体制订何种锻炼处方，有几点在此需要特别强调：①进行抗阻力训练的最主要目的是发展老年个体的肌肉适能，增强其独立生活的能力；②最初的练习一定要有了解老年人能力水平和特殊需要的专业人士近距离指导和监督；③最初8周的抗阻力练习要使用最小力量，以允许相关组织适应抗阻力练习的刺激；④确保老年人熟练掌握完成抗阻力练习每一个动作所必需的技术；⑤建议老年人在练习过程中保持正常的呼吸模式；⑥严格控制完成每一个动作的速度；⑦所有的动作都应在不至引起疼痛和不适的范围内进行；⑧进行多关节练习；⑨利用器械进行抗阻力练习，而不应使用哑铃，杠铃等设施；⑩严禁关节炎患者在疼痛和症状发作时参加抗阻力训练；⑪鼓励老年人参与以年为周期的抗阻力训练；⑫日常生活中的家务劳动，散步等活动可以帮助老年人维持肌肉力量。

3.柔韧性训练

身体每个关节拥有适度的活动范围对于维持老年人肌肉骨骼机能，平衡能力和灵活性至关重要。遗憾的是，相对于发展其他身体适能的方法和手段，有关开发有效促进身体灵活性的手段和方法的努力非常有限。被人们普通接受的事实是，保持关节适当的灵活性可以增强个体的机能能力（如弯曲、旋转），减少潜在的受伤威胁（如肌肉扭伤、下背痛问题、跌倒）。而这一点对老年人而言尤为重要。有关柔韧性的练习应当针对身体的每一个关节进行。一个设计良好的伸展训练，可以有效地阻止老年人柔韧性的下降，提高平衡能力和灵活性，例如太极和瑜伽。制订发展老年人柔韧性锻炼处方的频度、持续时间和强度的一般原则见表 3-9。

表 3-9　制订老年人柔韧性锻炼频度、持续时间和强度的一般原则

持续时间
· 每次练习的伸展练习部分都应持续足够长时间，以保证练习到主要的肌肉和肌腱； · 对于那些刚刚参与到锻炼中来，而身体状态又不是非常良好的老年个体而言，可以建议全部锻炼均以柔韧性训练为主。
频　度
· 抗阻力练习每周至少进行 2次，中间至少间隔 48 小时的休息时间。
强　度
· 至少完成一组，8~10 个可以练习到大肌肉群的动作（例如，臀部肌肉、四头肌、腓肠肌、胸部肌肉、背阔肌、三角肌、腹部肌肉）； · 每组重复10~15次，主观努力程度RPE 自陈水平控制在12~13的水平； · 当看见锻炼效果后，可以通过增加重复数次来增加运动强度，随后再尝试用增加负荷的办法来改变运动强度； · 当锻炼因各种原因而中断后，再次恢复锻炼时，应将运动强度控制在原有强度 50% 的水平，随后再逐渐增加强度。

在进行伸展练习时，有几点值得注意：①进行伸展练习之前，应适当进行热身活动，以增加血液循环和体内温度；②进行伸展而不是跳跃运动；③在关节可接受的范围内进行伸展，不要引发过分疼痛；④逐渐增加伸展过程中的放松程度，逐渐增加保持同一姿势的时间(如 10～30 秒)。

第三节　锻炼 /不锻炼和消极锻炼行为

在前两节中，我们关注了目前存在的锻炼模式，介绍了国际权威组织美国运动医学学院对不同人群作出的锻炼建议。但是，和低水平锻炼参与率相比，更令人不安的是，保持静坐不动的生活方式可能给个体带来的严重后果。在这一节中，我们不但会强调锻炼可能带来的积极健康效应，同时还会强调惯于久坐可能带来的消极后果，以及锻炼上瘾，过度锻炼等一些消极锻炼行为。

一　锻炼、发病率和死亡率

1995 年，CDC 和 ACSM 联合发表的一份公告中指出：积极参与体育活动的个体要比那些惯于久坐的个体长寿，这是因为所有可能引发死亡事件的概率在他们身上都很低。同时，研究结果还证实，即使在中年阶段才开始参与锻炼，仍旧可以降低各类死亡的风险性。事实上，有估计显示，如果加拿大惯于久坐的个体和稍微参与活动的个体可以更“活跃”的话，那么，至少可以降低20%左右的过早死亡。

从发病率的角度来看，尽管近几年来，美国冠心病（coronary heart disease，CHD）发病率呈持续下降趋势，但仍有大约1400万人饱受此疾病的困扰，每年有超过100万的人群经历一次心脏病发病过程。另外，还有1800万人患有成人性糖尿病，5000万人患有高血压，超过1.2亿人口有超重现象。这些统计数字可能会令人严重不安，但更令人不安的是，超重现象在青少年中间也呈现蔓延趋势。2005年，美国健康统计中心（National Center for Health Statistics）的数字显示，在6～19岁的青少年儿童中，大约30%的儿童和青春期少年超重，15%肥胖。而儿童和青少年期间肥胖又预示着成年阶段将肥胖。美国肥胖协会（American Obesity Association）研究结果显示，一个10～14岁的肥胖儿童，至少有一个肥胖父母，而他们到成年阶段仍旧持续肥胖的可能性有79%。

或许最让人感到灰心的是，以上这些情况可以通过保持锻炼的生活方式而得到直接的或是积极的改变，但人们却仍旧“知而不行，行而不坚”。为了证实积极参与锻炼可能在降低患病率和死亡率方面的作用，美国进行过两次长时间的纵向研究。一项持续了22年，旨在了解体力性工作、冠心病发病情况和死亡率之间关系的纵向研究结果表明，仅有11%的体力劳动工人死于冠心病。那些每天工作至少消耗8500卡路里的工人，其因冠心病而死亡的风险比体力工作量小于他们的工人要显著的低。1986年，Paffenbarger及其同事还花了16年时间，跟踪研究了哈佛大学17000多名校友体力活动水平、冠心病患病率和死亡之间的关系。但是与上一个研究不同，在此次研究中学者更加注重收集自陈式锻炼情况的相关资料。研究结果指出，那些每周至少参与3小时锻炼的个体和每周锻炼时间不足1小时的个体相比，其所有可能引发死亡事件的概率要比后者低53%。另外，那些参与中等强度锻炼（每周运动的距离至少为16公里）个体的死亡率比每周运动不到5公里的个体低33%。总体来讲，锻炼个体比不锻炼个体的寿命长至少2年左右。

为了进一步验证上述研究结果，美国库柏研究所（Cooper Institute）以20～80岁的男女成年个体为研究对象，对体适能水平与全因死亡之间的关系进行了大量研究。在确定基线水平，并进行了几年跟踪研究后发现：高体适能水平的男性比低体适能水平男性的死亡率低71%。那些在研究期间将其体适能水平提高的男性，把死亡的风险减少了44%。体适能对女性的影响则更为显著，高体适能水平女性比低体适能水平女性的死亡率低 79%。研究表明，死亡率的增加与体适能水平的降低有关。

二　消极锻炼行为

自健康体适能风潮从 20 世纪 70 年代兴起至今，无论走到哪儿，都可以接触到、听到、看到参与体力活动和锻炼可能给人体带来的生理和心理收益。这个可以给人体带来如此多益处的活动是否具有潜在的伤害性呢？答案似乎是肯定的，有！任何一种活动成瘾对人体都有害，体力活动和锻炼也不例外。人们参与锻炼是因为它有趣，可以让个体对自己感觉更好，同时它还可以带来生理和心理的收益。但参与锻炼也可以成瘾，尽管成瘾的可能只是普通人群中极小的一部分。在本部分，我们将介绍两种消极的锻炼行为：①锻炼依赖（exercise dependence）/锻炼成瘾（exercise addiction）；②过度训练（overtraining）。

1.锻炼依赖

有这样一小部分人群，体育锻炼已经成为一种虐待。即使当他们受伤，或者精神和生理都处在极度疲惫的状态下，他们仍旧坚持锻炼。目睹工作被弄得一团糟，亲人和朋友都渐渐远去，依旧无动于衷。我们用锻炼依赖来形容这种强迫性行为。有关锻炼依赖的描述主要集中在以下三方面：①）行为与参与锻炼的持续时间、频度、强度和历史有关；②心理与对锻炼的病态认同有关；③上述两者结合。然而，个体 A 每周锻炼 6 天，每次持续 45 分钟，并且已经坚持超过了 3 年——这并不意味着他（她）就是锻炼依赖者。锻炼依赖不仅和行为有关，更为重要的是隐藏在这一行为背后的心理原因。锻炼依赖指的是迫切渴望参与锻炼，进而导致不可控的极度锻炼和生理（如痛苦忍耐）、心理（如焦虑不安）症状。但是，到目前为止，由于有关锻炼依赖的描述、定义和相关测量手段极其复杂多样，很难就锻炼依赖的现状，诱病原因，影响因素，和可能带来的后果下结论。

目前得到一致公认的有关锻炼依赖的操作定义是 20 世纪 80 年代由 Veale 提出的。它是在依据美国精神病协会（American Psychiatric Association）有关精神障碍诊断和统计指南（Diagnostic and Statistical Manual for Mental Disorders, DSM-IV）中物质依赖（substance dependence）的诊断标准提出的。在 Veale 建议的基础之上，2002 年，Hausenblas 和 Downs 指出：锻炼依赖是个体对锻炼的一个多层面、障碍状态，至少导致以下七种情况中的三种或以上显著损害或不适时，即被判定为锻炼依赖。这七条标准分别是：①耐受性

(tolerance)-不断增加锻炼标准才能达到所期望的满足效果,或者保持同样的锻炼水平常常造成显著的事倍功半;②戒断反应(withdrawal)——减少锻炼量就引发消极症状(如焦虑,疲劳)或者试图使用锻炼来减轻和预防上述症状的发作;③强度效应(intensity effect)——总是进行超出正常范围很高强度、持续时间和频度的锻炼;④控制缺失(lack of control)——尽管持续希望减少或控制锻炼,但仍强迫性坚持;⑤时间效应(time effect)——花相当多时间坚持锻炼,即便是假期、工作繁忙等重要时期;⑥其他活动被迫减少(reduction in other activities)——因为锻炼而减少或停止社交、职业或休闲活动;⑦持续性(continuance)——尽管存在生理或心理不适(如,即使胫骨受伤打着石膏),仍旧坚持锻炼。

因此,当个体报告,如果不能进行锻炼就会感到焦虑和不安;因为参与锻炼而很少或几乎不与家庭和朋友在一起;尽管医生建议因为劳损需要休息恢复,但仍旧坚持锻炼;我们就可以判定他(她)是锻炼依赖者。

历史曾对体育锻炼,特别是跑步(最初的锻炼成瘾发现于坚持跑步或坚持跑马拉松的个体身上)是一种积极成瘾行为还是消极成瘾行为进行过讨论。有关锻炼依赖的相关专业词汇也甚多,如锻炼成瘾,强迫性锻炼(compulsive exercise),病态锻炼(morbid exercise),极端锻炼等。出现以上现象的主要原因是,直到目前为止,国际上对何为锻炼依赖仍没有一个统一的操作定义。同时,对引发锻炼依赖的原因,以及其可能带来的后果也没有统一的观点。

尽管有关锻炼依赖的相关研究起步的甚为缓慢和有争议,但近几年来却持续受到锻炼心理学专家的关注。2001 年,Hausenblas 和 Downs 对公开发表的有关锻炼依赖的 130 多篇论文进行了综述。他们指出:有关锻炼依赖的相关研究可以分为以下三类:①极端锻炼者和正常者之间的比较研究;②锻炼者和非锻炼者之间的比较研究;③锻炼者和饮食障碍者(eating disorder)之间的比较研究。虽然,锻炼心理学专家进行了多方努力和尝试,但到目前为止,锻炼依赖者和非锻炼者、锻炼欲望不足者之间是否存在显著的差异仍不清楚。

2002 年,Hausenblas 及其同事利用自行开发的《锻炼依赖量表》(Exercise Dependence Scale)进行了研究。研究结果表明:大约有 9% 的锻炼者可以归为具有锻炼依赖风险,40% 的研究对象属无依赖有症状(nondependent-symptomatic)的锻炼者(显示出三种以下的锻炼依赖症状),而剩余 41% 的锻炼者则属于无依赖无症状(nondependent-asymptomatic)者。具有锻炼依赖风险的个体在自我效能和完美主义倾向上的得分高于无依赖有症状锻炼者,而后者在两项上的得分又高于无依赖无症状锻炼者。由于研究是自陈式的横向研究，无法说明各因素间可能存在的因果关系，因此，我们无法确定完美主义倾向是否是引发锻炼依赖的原因。

有关如何治疗锻炼依赖的相关研究异常稀少。1997年，Adams和Kirkby在对拥有锻炼依赖患者的24位物理治疗师进行访谈后认为，针对锻炼依赖者的治疗可以从以下几方面入手：①对锻炼依赖者进行损伤及相关严重后果的教育；②提供其他可选择的活动形式；③推荐给其他健康专门人士；④利用心理干预措施和访谈等。

2.过度训练

只有少数的普通人，绝大部分情况下是运动员才会经历过度训练。过度训练意指持续仅几天或几个星期，在此期间增加锻炼负荷接近或达到最大限度的过程。过度训练具有以下三个明显的特征：①过度训练是一个过程，由一系列单个锻炼组成；②与近期锻炼历史相比，存在明显的锻炼量增加；③过度训练表现为高频度（一天锻炼超过一次）和接近或达到最大限度的锻炼强度—持续时间的组合。

判定是否为过度训练，一定要将注意力集中在锻炼量和锻炼形式的变化上。比如说，连续10天，每天在95%最大吸氧量强度下坚持完成5公里的跑步任务，对于已经适应每天在95%最大吸氧量强度下坚持完成10公里跑步任务的优秀运动员来说，不能称之为过度训练。反之，前述运动量对于仅适应每天在95%最大吸氧量强度下坚持完成2公里跑步任务的高中生而言，就是过度训练了。又如，每天在70%最大吸氧量强度下跑步2小时，比在此强度下游泳2小时更可称之为是过度训练。这是因为无负重项目（如自行车、游泳）比负重项目（如跑步）更易忍受。

第四章　影响锻炼的心理前因和参与锻炼的心理效应

个体A是一个比较容易紧张的人。他(她)总是担心发生意外事件,总是容易变得焦虑不安,谨小慎微,忧心忡忡。他(她)的朋友个体B学习了锻炼心理学课程,建议A应该尝试进行规律性的体育锻炼。个体B知道,甚至是规律性的散步都可以帮助人们增加能量。而对于个体A来说更为重要的是,锻炼可以降低紧张感增加放松感。在个体B的建议和督促下,个体A坚持了6周,每周3~4天的锻炼计划。随后变化产生了,他(她)的心情明显放松了下来,而且不再像以前那样对任何小事都"斤斤计较"了。

尽管锻炼心理学研究热潮的掀起是在20世纪80年代,但早在古希腊时期,人们就已经开始认识到体力活动与精神之间的相互影响关系了。古希腊人认为体育锻炼是身体和精神健康的重要组成部分,而这一哲学思想一直被延续到了16世纪。1553年,西班牙内科医生曼德兹(Christobal Mendez)出版了世界上第一部有关体育锻炼对精神影响的著作《身体锻炼》(*Book of Bodily Exercise*)。在这部书中,虽然曼德兹并没有认识到身体锻炼和精神健康之间的广泛关系,但在当时这却是一部见解深刻,而信息量丰富的著作。他认为锻炼是"当身体充满有害物质,用来清理身体的方法和手段。这种方法不但不会引起身体的不适,反而可以给身体带来愉悦和快感。如果我们在这种情况下'使用'锻炼,那么,它就应该被看作一种高级的、受保佑的'药物'而获得崇高的尊敬"。

美国著名的心理学家和哲学家威廉·詹姆斯(William James)在强调发展体育教育的重要性的时候也明确了体育锻炼的独特地位。他指出:①

> 每个人都知道体育锻炼对情绪产生的影响:当身体更强壮而不是走下坡路时,每个人都会感受到无比的愉悦和勇气——人有时会担心,感觉喘不过气来,焦虑,紧张;有时又会开心,放松。而体育锻炼无疑会将身体训

---

① James, W. *Talks to Teachers on Psychology, and to Student on Some of Life's Ideals*. New York: H. Holt, 1899.

练的向后一类情绪发展。而后一类情绪又是完美人格的最本质的组成部分。

尽管我们的祖先认识到了身体和精神之间的密切关系，但直到20世纪60年代末70年代初，有关锻炼可能引发的心理反应或效果才开始得到系统的研究。在那个身体和精神关系研究的“复兴”年代，锻炼心理学有两个主要的研究目的：

其一，明确影响或导致个体参与锻炼的心理前因（psychological antecedents）。

其二，明确参与锻炼可能给个体带来的心理效应（psychological consequences）。

第一节　锻炼和认知机能

古希腊诗人荷马在言及身体和精神关系时说：“健康的精神孕育在健康的身体中”(a sound mind in a sound body)。格言中所涉及的这种关系，长期以来备受科学家的关注。而锻炼会给认知机能带来怎样的影响也是其中的研究课题之一。1997年，Etnier和她的同事对200多项了解短期或是长期锻炼对认知机能可能产生影响的研究进行了元分析。研究中检验的认知机能涉及记忆、运算能力、言语能力、智龄、智商、反应时和知觉等，而研究设计多为比较锻炼者和非锻炼者一次性锻炼（短期）或长期锻炼后，在相应认知机能上的差异。如表4-1所示，元分析的结果表明：参与锻炼对认知机能存在较小影响（效果量为0.25）。

一　长期锻炼/短期锻炼和认知能力

在锻炼和认知机能相关关系的研究中，锻炼的形态，即参与短期锻炼还是长期锻炼是一个重要的研究课题。当Etnier及其同事在200多项研究中检验短期参与锻炼后认知机能发生的变化时发现，效果量仅为0.16（见表4-1）；而长期参与锻炼对认知机能的影响效果量，则是短期锻炼的两倍多（效果量=0.33）。因此，Etnier及其同事认为，当个体参与短期锻炼时，锻炼可能不会对认知机能产生有意义的影响；而对于为了提高体适能水平，或已经坚持锻炼足够长时间的个体而言，锻炼可能是增强认知能力的有效手段。

表 4-1 锻炼和认知机能之间的关系

认知机能	平均效果量
总体效果	0.25
参与锻炼的形态	
长期参与	0.33
短期参与	0.16
横向/相关	0.53
年龄和长期性锻炼	
小学阶段(6～13 岁)	0.36
中学阶段(14～17 岁)	0.77
大学(18～30 岁)	0.64
中年(45～60 岁)	1.02
老年(60～90 岁)	0.19

注:分数小于 0.2 认为效果量小,0.5 为效果量中等,0.8 为效果量大。

科学家往往使用不同的方法或设计去回答重要的研究问题。而方法、设计的选择和使用相当大程度上会受到被试或财力状况的影响。两种被经常使用,最简单易行的研究方法或设计是横向研究设计和相关研究设计。事实上,横向研究设计只要比较锻炼组和非锻炼组(包括完全不锻炼组或少量锻炼组)在认知机能上的差异即可;而在相关研究设计中,研究者对单组被试的认知能力水平和体适能水平进行相关分析,得出相关系数即可。如表 4-1 所示,在使用横向和相关设计的研究中,锻炼与认知机能之间存在着中等程度的效果量(效果量=0.53)。

横向和相关研究设计最大的局限性就体现在,它无法深层次地回答问题,即:是锻炼直接导致或引发了认知机能的提高吗?在临床中,科学家经常借助行为和医学科学的相关方法去推断两者之间的因果关系。通常情况下,研究者会将被试随机分为控制组和实验组,然后让实验的被试参与一定时间的锻炼,随后观察两者之间的相互影响。在 Etnier 及其同事分析的 17 项临床研究中,他们发现,锻炼对认知机能影响的效果量仅为 0.18。

二 长期锻炼、剂量—反应和认知能力

研究者还会关心锻炼量和反应之间的关系,即锻炼多少(如锻炼强度、持续时间、频度)就可以获得所需的反应(如提高认知能力)。对于长期坚持锻炼的个体而言,锻炼量可以从多个方面进行考虑,如每次锻炼的持续时间,每周锻炼几次或持续锻炼的周数等。很多学者在研究锻炼和认知能力之间关系

时，被试的锻炼参与程度均存在差异。在元分析中，Etnier及她的同事没有发现锻炼的程度，即单次锻炼持续时间是多少，每周锻炼的次数为几次，坚持锻炼了几周，和认知能力的变化之间存在任何关系。因此，有一点在此值得强调，即进行锻炼心理学相关研究时，明确界定锻炼量的重要性。

三　长期锻炼、年龄和认知能力

关心锻炼与认知能力关系的学者，在大范围年龄变化阶段中（从6～90岁）检验两者的关系。在长期坚持锻炼后，认知能力的大幅度提高出现在中年阶段（45～60岁），效果量为1.02；随后是中学阶段（14～17岁），效果量为0.77；大学阶段（18～30岁），效果量为0.64；小学儿童阶段（6～13岁），效果量为0.36。长期锻炼对老年人认知能力的影响最小，效果量仅为0.19。尽管从元分析中无法总结出认知能力随年龄变化的明确趋势，但体育锻炼显然与增强各年龄阶段的认知机能之间存在着积极的联系。

第二节　锻炼和人格

有关人格（personality）概念的起源不得而知。但是，拉丁语中的per sonae被用来表示古罗马演员使用的不同面具，而希腊语中的personae同样被使用为戏剧面具的含义，这是目前最为广泛接受的，有关人格一词起源的解释。从以上观点看，人格可以认为是不同方面，不同角色或是个体展示给公众的不同层面。然而，这一观点过于狭隘了。事实上，人格心理学家认为人格一词包含的范围极其广泛，而不仅仅是不同角色的展现。1924年，心理学的奠基者之一阿尔伯特（Allport）就认为，人格是个体心理和生理特性的一个动态融合，进而对行为产生影响。

单从阿尔伯特对人格的定义中，我们就可以直观认识到人格的复杂程度了。人格不但具有稳定，持久的一面；同时还具有动态，可调整的一面。人格中稳定和持久的一面在某种程度上使行为预测成为可能。例如，具有高度总体自尊的个体，更倾向于在不同的场合展示与高总体自尊相一致的行为。然后，人格还具有动态和变化的一面。心理学家杜威（John Dewey）就指出，自我在不断的行为选择中重塑。因此，当个体对自己过分张扬和自信感到不满时，就可能作出改变。

那么，体育锻炼和人格之间又是一种怎样的关系呢？多年来，科学家一直在质疑,是否参与锻炼可以导致人格产生变化呢?

一 锻炼和艾森克的人格理论

特质(trait)理论近年来在人格理论中占重要位置,而这其中众所周知的有艾森克的人格理论(Eysenck's Personality Theory)。所谓特质是指:个体特有的(与他人不同的)、稳定的(表现于多种情境之下的)、可辨别的(可区分于其他特征的)特征。该理论认为,特质是决定个体行为的基本特征,是人格的有效组成元素,也是测评人格常用的基本单位。艾森克在其理论中假设,基本特质的相互作用产生了二级特质。在他的理论中,人格包括三个二级特质维度,分别是:内—外向(extraversion-introversion)(内向、外向差异),神经稳定性(neuroticism-stability,情绪稳定性差异)和精神质(psychoticism-superego,孤独等负面人格特征)。

以此理论为基础,根据个体内·外向程度和神经稳定程度可以对锻炼行为进行预测。艾森克假设,外向型个体因为大脑皮层的唤醒程度较低,可能通过锻炼寻求感官刺激。因此,外向型个体比内向型个体更可能参与或坚持锻炼,特别是当锻炼可以给他们带来变化和兴奋时。艾森克在神经稳定性维度并没有作特别的假设,因为神经稳定性维度与大脑边缘系统(limbic system)的活动或自主神经系统(autonomic nervous system, ANS)的活动有关。我们可以假设,影响自主神经系统的活动可以进而影响到个体的这一人格维度。由于锻炼可以明显降低心率、血压,如果锻炼可以导致个体情绪向更稳定/更不稳定的方向发展变化,那我们的假设就是合理的。

1998年,Courneya 和 Hellsten 的研究表明,通常情况下,锻炼参与者比非参与者更外向,而且更可能坚持锻炼。1973年,Morgan 的研究则发现,外向型个体更喜欢高强度的锻炼。与依据艾森克人格理论所作的假设相一致,1980年,Shiomi 的研究显示,外向型个体在锻炼过程中表现出了更高的坚持性。1998年,Arai 和 Hisamichi 在以22000名40～64岁的日本居民为对象进行研究时发现,外向维度与锻炼的参与频率呈正相关,而神经稳定性维度则与之呈负相关关系。

充分的研究结果显示:长期坚持体育锻炼会导致特质焦虑(trait anxiety)水平的降低,神经稳定性的提高。1991年,Petruzzello 及其同事对62项研究特质焦虑与锻炼关系的研究进行了元分析。他们发现,锻炼计划的持续时间是一个重要的影响因素。当锻炼至少持续10周时,可以明显的降低特质焦虑。当锻炼仅持续了4～6周(效果量＝0.14)或7～9周时(效果量＝0.17),

锻炼对特质焦虑的影响效果量较小。而当锻炼持续15周以上时，则异常显著地降低了特质焦虑水平(效果量=0.90)(见图4-1)。因此，研究者建议，要形成相对稳定的人格特质，并降低特质焦虑，锻炼应当坚持尽可能长的时间。单次锻炼时间如果短于20分钟的话，反而会增加特质焦虑(效果量=－0.12)。但是该研究没有证明，单次锻炼的持续时间与特质焦虑间的明确关系。

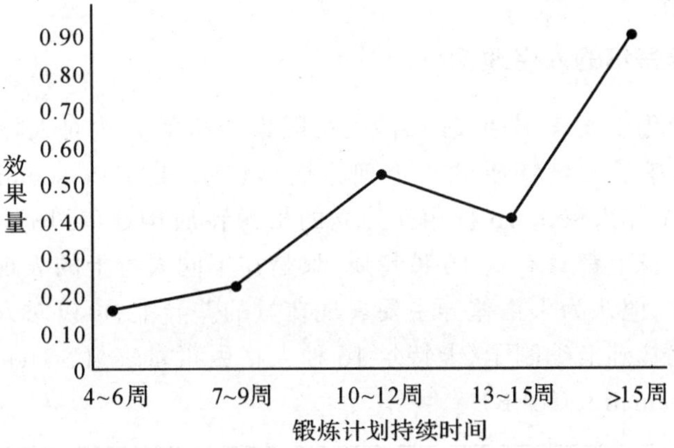

图4-1　锻炼计划持续时间对特质焦虑水平变化的影响

无论年龄还是被试的健康状况，也在降低特质焦虑水平上起明显的影响作用(见表4-2)。Petruzzello及其同事还发现，特质焦虑水平的显著降低只发

表4-2　体育锻炼和人格的关系

人格因素	平均效果量
特质焦虑	0.34
儿童的自尊	0.41
有障碍儿童的自尊	0.57
无障碍儿童的自尊	0.34
青年人的自尊(＜30岁)	0.55
中年人的自尊(＞30岁)	0.57
老年人的自尊(＞60岁)	0.61
锻炼计划持续时间	
4周或短于4周	0.45
5～8周	0.37
9周或更长	0.43

注：分数小于0.2认为效果量小，0.5为效果量中等，0.8为效果量大。

生在个体参与有氧锻炼项目时(效果量 = 0.36),而上述结果在个体参与非有氧锻炼项目(如,力量练习)时非但没有发生,反而引发了特质焦虑水平的上升(效果量 = -0.16)。研究明确显示,人格是可以改变的。如果个体持续数周、数月、数年的规律性锻炼,人格就会因此而受到影响。变化方向通常为:减少消极因素(如,神经质),增加积极因素(如,外向程度)。这一变化方向与艾森克人格理论假设相一致。

二　锻炼和卡特尔的人格理论

卡特尔受化学元素周期表的启发,用因素分析的方法对人格特质进行分析,并提出了基于人格特质的一个理论模型(Cattell's Personality Theory)。在该理论中,个体人格由 16 种相互独立的根源特质构成(见图 4-2)。卡特尔认为在每个人身上都具有这 16 种特质,只是在不同人身上的表现存在程度上的差异。因此,他认为人格差异主要表现在量的差异上,可以对人格进行量化分析。并在此基础上编制了《卡特尔 16 种人格因素量表》(Sixteen Personality Factor Questionnaire, 16PF)

	人格因素	低分者特征	高分者特征
A	乐群性	缄默孤独	乐群外向
B	聪慧性	迟钝、知识面窄	聪慧、富有才识
C	情绪稳定性	情绪激动	情绪稳定
E	恃强性	谦逊顺从	支配、攻击
F	兴奋性	严肃审慎	轻松兴奋
G	有恒性	权宜敷衍	有恒负责
H	敢为性	畏怯退缩	冒险敢为
I	敏感性	理智、着重实际	敏感、感情用事
L	怀疑性	依赖随和	怀疑刚愎
M	幻想性	现实、合乎常规	幻想、狂放不羁
N	世故性	坦白直率、天真	精神能干、世故
O	忧虑性	安详沉着、有自信心	忧虑抑郁、烦恼多端
	激进性	保守、服从传统	自由、批评激进
	独立性	依赖、随群附众	自立、当机立断
	自律性	矛盾冲突、不拘小节	知己知彼、自律严谨
	紧张性	心平气和	紧张困扰

图 4-2　卡特尔的 16 种人格特质

与艾森克的人格理论相比,卡特尔的理论在锻炼心理学领域内并不没有引起足够的关注,尽管卡特尔在 20 世纪 60 年代曾经探讨过体适能水平与人格之间的关系。卡特尔假设,体适能水平高的个体更可能出现焦虑水平低和神经稳定的现象。Dienstbier 曾对 20 世纪 70 年代至 80 年代期间使用 16PF 检验锻炼与人格变化关系的研究进行过总结。他的确发现体适能水平与情绪稳定性之间存在关系,即:体适能水平越高的个体,情绪越稳定、平静、放松。他进一步推测说,随着锻炼的深入,生理机能的增长可能是减少神经质的原因。

三　锻炼和“大五因素模型”

Tupes 及其同事运用词汇学的方法对卡特尔提出的 16 种人格特质进行了再分析,发现了五个相对稳定的因素。随后众多学者进一步验证了这一包含“五种特质”的人格理论模型,形成了著名了大五因素模型(The Big Five-Factor Model, FFM)。这五种人格特质因素分别是:外倾性(extraversion),宜人性(agreeableness),责任心(conscientiousness),神经质或情绪稳定性(neuroticism)和开放性(openness)。其中外倾性和神经质两因素与艾森克和卡特尔特质人格理论中的结构相似。开放性表现为愿意随着环境和情况的变化调整自己的想法和行为;宜人性表现为易与他人相处,信任、利他和谦虚;责任心则表现为设定目标,并自律行动去实现目标的水平,尽职、条理、克制等。

由于有关大五因素模型的测量工具的开发到现在仅有 15 年左右的时间,它在锻炼心理学领域内并不没有引起过多的关注。1998 年,Courneya 和 Hellsten 在研究中发现,大五因素模型中的外倾性、神经质和责任心维度与锻炼行为及其坚持性显著相关。尤其是外倾性和责任心维度与中等强度、高强度锻炼行为均呈现正相关。而神经质维度则对锻炼行为的坚持性具有显著的预测作用,高得分者对锻炼行为的坚持性较差。1999 年,Courneya 及其同事以大学女生为对象进行的类似研究中也得到了同样的结果。2001 年,Rhodes 和 Courneya 等人在研究女性乳腺癌存活者的锻炼行为时,同样证明了外倾性、责任心和神经质的重要作用。其中外倾性和责任心维度与良好的锻炼模式、锻炼行为的高级阶段(参见第二章阶段变化模型相关介绍)有关;而神经质维度则与不良的锻炼模式和锻炼行为的低级阶段相关(见图 4-3)。

在实施了上述研究之后,Courneya 及其同事进一步验证了人格因素在解释个体锻炼行为时的作用。他们假设,影响个体锻炼行为的人格因素可能是一个叫作“行为特质(active trait)”的外倾性维度的下位因素。这种特质被认为可以反应个体的繁忙和积极,以及偏爱快节奏生活的倾向。这一特殊的外倾性下位因素在 2003 年 Rhodes 等人近期的研究中也被证明与锻炼行为显著相关。

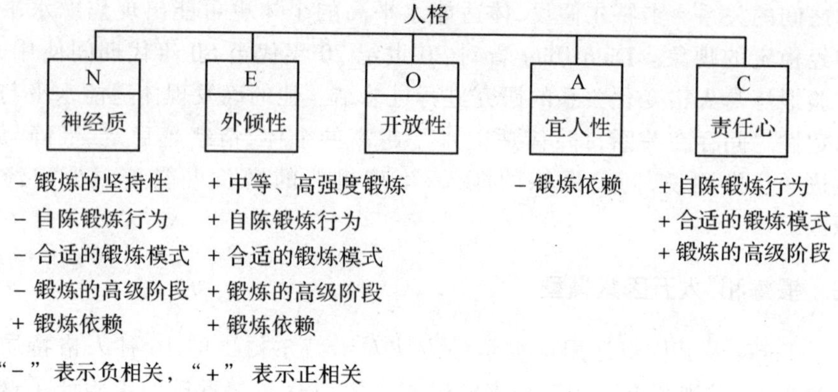

图 4-3　大五因素模型和锻炼行为的关系

四　锻炼和其他人格因素

1. 性别角色和锻炼行为的关系

有关性别角色与锻炼行为关系的研究并不多见，但人格结构中的男性阳刚特征（masculinity）和女性柔弱特征（femininity）可能和锻炼有重要联系。男性的阳刚特征和女性的温柔特征被认为是男、女性应当具有的、积极的特质。遗憾的是，这些特征被人为地加注了与个体生物性别（biological sex）直接相关的标签。也有些学者为了避免将阳刚特征和柔弱特征与人的生理性别混淆在一起，称阳刚特征为“工具性人格（instrumental personality）”，温柔特征为“表现性人格（expressive personality）”。具有工具性人格的个体主要表现为喜欢冒险，独立，大胆进取和爱好竞争；而具有表现性人格的个体则主要表现为善解人意，富有同情心和多愁善感。这两个人格维度被认为是相互独立的，只不过每个个体拥有这两种特征的程度有所不同而已。在工具性人格维度上得分高而表现性人格维度上得分低的个体被认为是具有阳刚之气；反之则被认为是拥有温柔之风。如果个体在两个维度上的得分均很高，就被认为是雌雄同体，既有雌性又有雄性的特征。

1987 年，Rejeski 等人以 42 名男大学生为对象进行了研究。研究者假设，阴柔型的男性会比雌雄同体和阳刚的男性，在进行高强度锻炼时感受到更强烈的痛楚。研究中，每名被试需完成 6 分钟，85% 最大吸氧量的固定自行车任务，随后对其主观努力程度（RPE）和情绪反应进行了评价。结果显示，虽然三组被试的锻炼强度相同，但阴柔型的男性比雌雄同体型男性和阳刚型男性报告了更为显著高水平的 RPE。同时，阴柔型的男性比雌雄同体男性报告了更显著的负性情绪，而对于阳刚型男性也表现出了同样的趋势。

另外，在完成 6 分钟，85％最大吸氧量的固定自行车任务后，被试还被要求以最高强度继续自行车任务，直到力竭无法坚持为止。研究结果发现，阴柔型的男性会尽量找机会回避这一令人不愉快的经历，而他们坚持高强度力竭锻炼的时间(大约 20 秒)仅是阳刚型男性的一半(大约 46 秒)，雌雄同体型男性的三分之一(大约 67 秒)。

当然对上述研究结果有必要进行进一步的验证。如果研究中发现的特征可靠的话，锻炼专家可以通过干预手段来帮助阴柔型男性。例如，设计锻炼强度不高，不会过多引发负性心理反应的锻炼计划等。

2．不同类型人格和锻炼行为的关系

类型理论是 20 世纪 30～40 年代在德国产生的一种人格理论，主要用来描述一类人与另一类人的心理差异，即人格类型的差异。Friedman 和 Roseman 在 20 世纪 70 年代提出了 A－B 人格类型的划分理念。其中 A 型人格的主要特点是：性情急躁，缺乏耐性。他们成就欲高，上进心强，有苦干精神，工作投入，做事认真负责，时间紧迫感强，富有竞争意识，外向，动作敏捷，语速快，生活常处于紧张状态。但他们办事匆忙，社会适应性差，属不安定型人格。具有这种人格特征的人易患冠心病。B 型人格的个体与 A 型人格的个体恰好相反。性情不温不火，举止稳当，对工作和生活的满足感强，喜欢慢步调的生活节奏。

有研究结果证明，锻炼对减轻 A 型人格有效。但相关研究结果并不一致。1986 年，Oseasohn 等人的研究显示，在实验室诱发的压力情景下，认知行为干预比锻炼能更有效的降低被试的心率和血压反应。相反，1988 年，Blumenthal 和他的同事们则发现，12 周的有氧锻炼比力量和灵活性练习更成功地降低了心理压力源所引发的心血管反应。还有研究发现，A 型人格个体比 B 型人格个体的锻炼坚持性更差，而其锻炼受伤率则比 B 型人格个体更高。A 型个体更倾向于参与高强度、高竞争性的锻炼项目；在锻炼过程中，生理唤醒程度更高，而且付出更多的努力。但是 A 型个体在高强度锻炼中更容易有焦虑和负性情绪反应(见图 4-4)。

A 型人格个体		B 型人格个体	
患冠心病的风险	↑	患冠心病的风险	↓
锻炼坚持性	↓	锻炼坚持性	↑
努力程度	↑	努力程度	↓
锻炼强度	↑	锻炼强度	↓
RPE	↓	RPE	↑
焦虑反应	↑	焦虑反应	↓
生理唤醒水平	↑	生理唤醒水平	↓
负性情绪反应	↑	负性情绪反应	↓

图 4-4 A-B 型人格与锻炼行为的关系

第三节 锻炼和情绪、心境

在锻炼心理学领域内常出现将感情(affect)、情绪(emotion)和心境(mood)混用的现象,其实三者是完全不同的心理概念,不应将其等同使用。情绪和情感(feeling)是与人的特定的主观愿望或需要相联系的,历史上曾统称为感情。但人的感情又异常复杂,既包括感情发生的过程,也包括由此产生的种种体验,因此用单一的感情概念难以全面表达这种心理现象的全部特征。在当代心理学中,人们分别采用个体情绪和情感来更确切地表达感情的不同方面。情绪主要指感情过程,即个体需要与情境相互作用的过程,如高兴时手舞足蹈,愤怒时暴跳如雷。情绪具有较大的情景性、激动性和暂时性,往往随着情景的改变和需要的满足与否而减弱或消失。情绪代表了感情种系发展的原始方面。从这个意义上讲,情绪概念既可以用于人类,也可以用于动物。

像情绪一样,心境也是一种主观心理状态,是一种使个体的感情体验感染上某种色彩的,较持久而又微弱的情绪状态。心境是一种异常复杂的主观体验,不同类型的心境对人类的行为有影响和干涉作用。对于情绪和心境而言,他们至少存在以下三方面的差异:①心境具有持久性,而情绪具有暂时性;②引发情绪变化的心理前因通常可以被确认,而心境的出现和持续有时则会原因不明;③情绪比心境更具激烈性和变化性。

一 情绪和心境的一般测量

所谓一般测量工具是指那些没有限定仅能在特殊情景下使用的测量工

具。我们所熟知的心境一般测量工具是《简明心境量表》(Profile of Mood States, POMS),感情一般测量工具则是《积极和消极感情列表》(Positive and Negative Affect Schedule, PANAS)。

1.简明心境量表

简明心境量表1971年由McNair等人编制,最初编制这一量表的目的是为了评定简短心理治疗,情绪刺激以及相似的实验操作后所引起的心境变化和情绪状态。广泛应用于精神科病人的情绪测量及他们对各种心理治疗方法的反应。近几十年来,POMS被广泛应用于锻炼心理学领域,用于研究个体在不同锻炼情景下心境的产生、发展和变化。它由65个项目或形容词组成,共分为6个分量表:紧张—焦虑(tension-anxiety),抑郁—沮丧(depression-dejection),愤怒—敌意(anger-hostility),疲乏—迟钝(fatigue-inertia),迷惑—混乱(confusion-bewilderment),以及精力—活力(vigor-activity)。前5个分量表为负性量表,即个体得分越高心境越不好;而最后一个分量表则为正性量表,即得分越高心境越好。

该量表可以用来了解被试"即刻","今天","上周","上个月","去年",乃至"平生"的心境状态。但由于POMS仅能评价6种不同的心境状态,将它应用于锻炼情景时,有时无法评价诸如兴奋(excitement)、无聊(boredom)等心境变化。还有一点值得一提,那就是该量表有65个测题,如果计划在单次锻炼的不同阶段测量锻炼参与者的心境变化情况,就存在一定的难度。尽管目前已经有了心境量表的缩减版,但这些缩减版因无法合理回答"究竟在测量哪一种心境状态"的问题而备受质疑。

2.积极和消极感情列表

PANAS是另一个在锻炼领域内被广泛运用的,由20个测题组成的自陈式测量工具,其测量包括两个互呈直角关系,即概念上相互独立的维度:积极感情(positive affect, PA)和消极感情(negative affect, NA)(见图4-5)。如同简明心境量表,该量表由20个形容词组成,分为2个分量表,分别测量积极感情和消极感情。PANAS仅能测量较高感情效价(valence)和激活水平(activation)的积极感情和消极感情,如兴奋、狂热(PA)和紧张、惊恐(NA);而无法测量较低感情效价和激活度的积极感情和消极感情,如放松、平静(PA)和悲痛、疲倦(NA)。

二　锻炼情景下的情绪和心境测量

由于一般测量工具在使用上存在一定局限性:①无论是POMS,还是

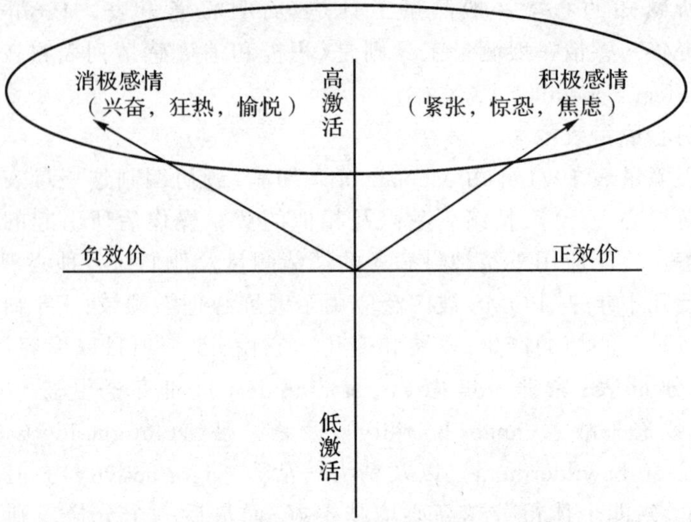

图 4-5　PANAS 中评价的积极感情和消极感情

PANAS,对锻炼刺激的反应都不够敏感(如,现存的测题与体育锻炼完全无关,即使进行修改也对锻炼刺激反应不敏感);②锻炼具有其唯一,独特的性质,而现存测量无法反应(如,某些感情可能在锻炼情景下发生改变,但在其他情景下却不会)。因此,锻炼心理学工作者从 20 世纪 90 年代开始,编制了一系列在锻炼情景下使用的测量工具,包括主观锻炼体验问卷(Subjective Exercise Experiences Scale, SEES),体力活动感情问卷(Physical Activity Affect Scale, PAAS)等。

SEES 由 12 个测题组成,设计用来测量个体针对锻炼的主观体验。该问卷共分为三个分问卷,分别是积极健康(positive well-being),心理困境(psychological distress)和疲劳(fatigue)。其中积极健康类似于积极感情,心理困境类似于消极感情。由 Lox 等人编制的体力活动感情问卷也由 12 个测题组成,它融合了 SEES 问卷中的心理困境部分和锻炼诱发情感问卷(Exercise-induced Feeling Inventory, EFI)中的部分分问题。由于开发至今时间较短,这一问卷还没有引发足够的研究和检验。

尽管以上问卷是针对锻炼情景编制的,但由于缺乏相应理论基础的支撑,使用过程中仍然存在巨大的局限性。测量工具开发的滞后性,在一定程度上制约了锻炼情景下,情绪、心境与锻炼行为关系的研究进程。

三 锻炼和情绪、心境

1.锻炼前后的情绪、心境反应

早期研究多是使用POMS或状态—特质焦虑问卷去检验锻炼和情绪、心境的关系的。如同Biddle和Mutrie指出的一样,锻炼和心境的关系为:锻炼与精力之间呈正相关关系,而与紧张、气愤、迷惑和疲劳之间呈负相关关系。

1992年,Saklofske等人的研究显示,持续4~10分钟左右的散步可以增加个体的能量感,降低紧张感。在Ekkekakis及其同事进行的一系列自然环境下和实验室控制环境下的研究结果均表明,10~15分钟的步行可以始终如一地增加个体的激活水平和积极感情效价,本质上即反映了锻炼增加个体能量感,降低紧张感的现象。

尽管有关加力走的锻炼强度和情绪、心境变化关系的相关研究非常有限,但具有代表性的研究结果表明,在非力竭锻炼强度的情况下,个体在锻炼前后均出现了积极感情增加的趋势。1993年,Steptoe等人的研究使用POMS中的紧张—焦虑,抑郁—沮丧和精力—活力三个分量表对个体锻炼前后的心境变化进行了研究。结果显示,在50%~70%最大吸氧量锻炼强度之下,被试的能量感在锻炼前后均出现了上升,而紧张感在锻炼结束经过30分钟恢复后,水平降至了锻炼前水平之下。Steptoe及其同事在使用其他量表测量锻炼前后的欢愉感时,也发现了与能量感类似的结果。即欢愉感在锻炼后出现上升,并在恢复期间保持上升态势。

1995年,Tate等人考察了持续时间30分钟,强度在55%~70%最大吸氧量固定自行车锻炼条件下,个体的情绪反应。研究者分别在锻炼前后和锻炼过程中,使用激活—钝化形容词检测表(Activation-Deactivation Adjective Check List, ADACL)对个体的情绪反应进行了测量。研究结果显示,在55%最大吸氧量锻炼强度下,被试未出现情绪变化反应。而完成70%最大吸氧量锻炼强度的自行车任务时,个体在锻炼过程中和锻炼后出现了明显的能量感上升现象。

综上所述,在中等锻炼强度之下,积极的高效价感情状态(如能量感、精力感、欢愉感)出现了增加趋势;而消极的高效价感情状态(如疲劳、紧张感)则出现了下降或未发生变化。在高锻炼强度下,至少对那些不太适应的个体而言,可能会出现消极感情状态增加而积极感情状态减少的现象;而对于那些适应的个体而言,即使是高的锻炼强度,也可以激发其积极的情绪反应。

2.锻炼过程中的情绪、心境反应

如果参与锻炼可以让个体感觉更好,那为什么还有那么多人不参加呢?这有可能因为,个体在锻炼后感觉良好。但他们在锻炼过程中的感觉又如何呢,则是另一个值得关注的问题。1986年,Emmons就通过其研究指出,活动过程中的情绪体验是对未来个体是否参与该活动的最佳预测因子。如果活动没有给个体带来享受和有趣的感觉,那么,他(她)在今后继续参与该活动的可能性也不大。尽管有关锻炼前后情绪和心境变化反应的研究众多,但关注锻炼过程中两者变化的研究却非常有限。

由于单一测题测量工具在锻炼过程中使用的便利性比多测题测量工具更高,因此,情感问卷(feeling scale)在类似研究中的使用频率较高。1989年,Hardy等人在他们的研究中发现,当锻炼强度在4分钟之内由30%最大吸氧量向60%,90%最大吸氧量增加时,个体的情绪反应也渐渐消极化。1994年以后,Parfitt及同事在一系列的研究中发现了类似的结果:非锻炼参与者和参与者相比,90%最大吸氧量锻炼强度下的情绪反应比60%强度下的反应要更为消极。而好静女性相对于好动女性,在RPE=17水平上比RPE=9水平上的消极情绪反应更强烈。当锻炼强度增加时,个体的情绪反应通常会越来越消极。

另一个有趣的研究不但考察了锻炼过程中个体情绪的变化情况,同时也关注了生理反应的变化。1994年,Acevedo及同事发现,当锻炼强度增加时,伴随着主观努力程度评价RPE的增加,心率和血乳酸含量也呈上升趋势;而情绪反应则越来越消极。在所有的锻炼负荷强度下,情绪反应均与生理指标反应之间呈负相关。当研究者比较情绪反应与主观努力程度评价的关系时发现,在较低和最高的锻炼强度下,两者之间存在中等到显著的负相关关系;而锻炼强度中等时,两者的相关关系不明显。当锻炼强度达到最高时,情绪反应的变化程度较锻炼强度低和中等时要剧烈。

第四节　锻炼和自我概念、自尊

依据马斯洛(Maslow)的需要层次理论,尊重的需要(esteem need)和自我实现的需要(self actualization need)处在需要金字塔的最顶端(见图4-6)。而尊重的需要包括自尊(self-esteem)和希望受到别人尊重的需要。自尊需要的满足会使人相信自己的力量和价值,使他(她)在生活中变得更有能力,更富有创造性。反之,缺乏自尊则会使人感到自卑,没有足够的信心去处理面临的问题。这些高级层次的需要出现的较晚,也更为复杂,而满足高级需要所必须具备的外部条件也更为苛刻。

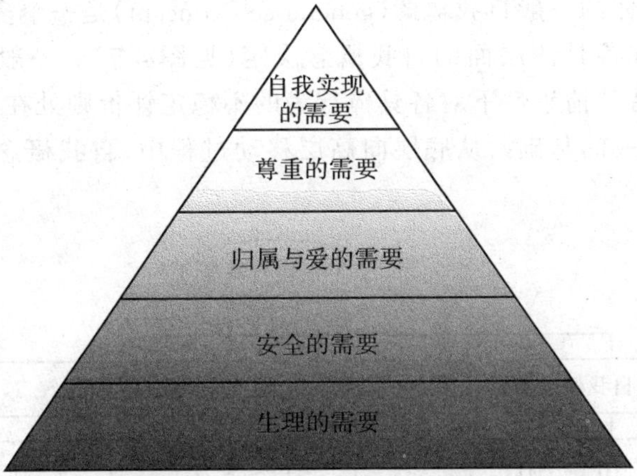

图 4-6 马斯洛的需要层次理论

在锻炼心理学研究领域有成果不断证实,锻炼对参与者最具潜力的影响可以从其自尊水平的变化上表现出来。2001 年,Sheldon 等人的研究结果和其他锻炼心理学研究者都建议:促进体育锻炼增强自尊品质的发展,可以作为提升那些将自尊看作为重要心理需要的个体的锻炼水平的有效策略。

一 自我概念、自尊及相关理论

尽管自我概念(self-concept)和自尊是两个非常相近的概念,被混用的现象也很普遍,但简单地说,自我概念是个体认识和定义自己的方式,即“我是谁”(who I am)。你可能描述自己是一个学生,是儿子或女儿;也可能认为自己是一个成熟的、学习认真的学生,一个外向的人,等等。自我概念属于自我中的认知部分,是个体对自己各个侧面或总体的一种认识和定义。而自尊则是个体对自我的评价及所引起的情绪体验,即“我对我是谁感觉怎样”(how I feel about who I am)。和自我概念相比,自尊是自我中更具情感色彩的部分,个体对自己的评价及其情绪体验有正负两个方向,因此,自尊概念也常常有积极和消极之分,即高自尊和低自尊。个体具有高自尊意味着,他(她)对自己有良好的评价和积极的情感体验,反之则被认为是自尊水平较低。如果说“我游泳”是一种自我认识,属于自我概念的一部分;那么,“我游得很慢”则是一种自我评价。如果这种评价还伴随着自卑体验,那就是低自尊的表现了。

目前,在锻炼心理学领域内使用的与自我概念和自尊有关的理论均来自于心理学。1976年,Shavelson及其同事提出一个有关自我概念的多维度模型,并指出,个体的一般自我概念(general self-concept)是一个多维的聚合型结构,它由个体在各具体层面的自我概念决定(见图4-7)。一般自我概念在模型的最顶端,特殊情景性下对各具体行为的不稳定评价则处在模型的最底层,是自我概念形成的基础。从底层向高层移动过程中,自我概念变得越来越稳定和一般化。

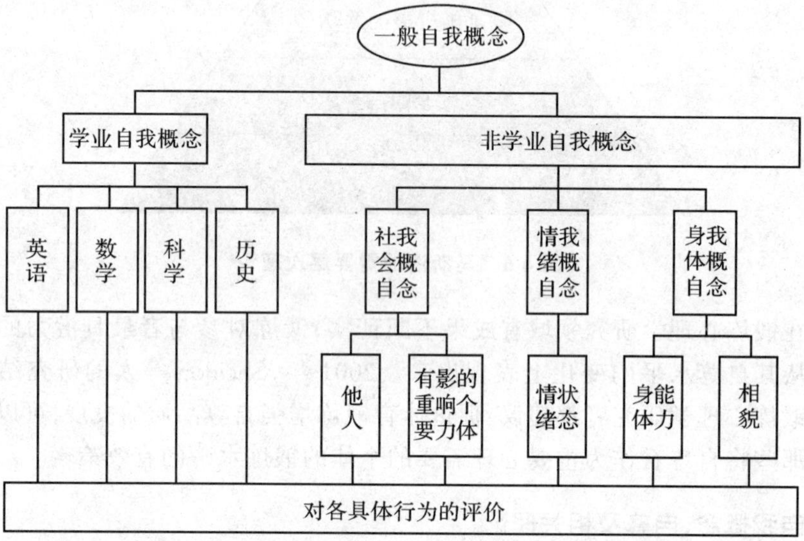

图4-7 自我概念模型

一般自我概念包括学业自我概念(academic self-concept)和非学业自我概念(nonacademic self-concept)两大类。学业自我概念又包括英语、数学、历史和科学等主要的、具体学科自我概念;而非学业自我概念被分为社会的(social self-concept),情绪的(emotional self-concept)和身体的(physical self-concept)自我概念。除情绪自我概念外,其他自我概念又受下层的多个具体行为和情景的影响。例如,身体自我概念由身体能力和相貌组成。依据模型,如果个体对自己的身体能力和相貌有积极的认识和积极的情绪体验的话,就可能具有强烈的、积极的身体自我概念。与之类似,社会自我概念也可以因为与他人的积极交往而得到增强。

处在模型最底层的是对特殊情景下各具体行为的评价。而对身体活动能力的评价则是以在足够长的时间内,个体对在一系列活动中成功或不成功表现的认识为基础的。假如我们使用简单的数学方法,把在体力活动中成功的表现标记为正数,而失败的表现标记为负数的话,那么,个体对自身身体活动能力的评价就可以用正、负数相加的总和来表示。因此,当个体在不同的体力活动中反复经历成功的话,就会形成积极的身体自我概念。

遗憾的是,现实生活中的情况并不如我们假设的那么简单。因为个体对不同活动所赋予的价值不同,因此上述公式中还应加入“权重”的因素。例如,个体对与锻炼有关的身体能力赋予了很高的价值,而对与竞技运动有关的身体能力赋予了较低的价值。对于这样的个体,一次力量训练的失败将比在一场篮球比赛中的糟糕表现更能严重地影响到他(她)的身体自我概念。对身体自我概念中的相貌也是如此。也许个体对相貌的认识主要基于身体内脂肪含量的多少,尽管他(她)的体内瘦体重含量可能也相当高,但其对身体自我概念的影响显然是非常有限的。

在 Shavelson 及共同事提出的自我概念模型基础之上,1989 年,Sonstroem 和 Morgan 提出了一个与锻炼和自尊有关的模型。该模型也是一个多层次的,用于预测总体自尊(global esteem)的模型(见图 4-8)。图中横坐标轴表示

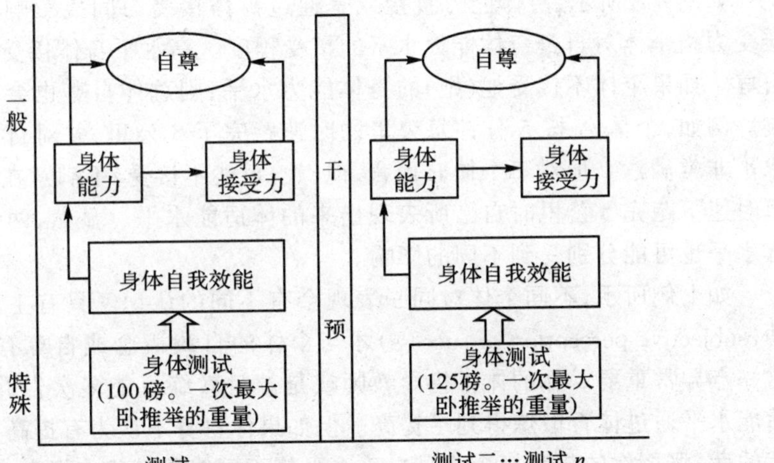

图 4-8　锻炼与自尊模型

不同的评价,不同评价之间可以实施行为干预。假如,对一个持续 12 个月的锻炼计划(干预措施)对自尊的影响感兴趣,我们需要在锻炼计划实施之前就对被试的基线自尊水平进行一次评价,并且在计划完成之前,至少对自尊水平

的变化进行一到几次的再测试。Sonstroem 和 Morgan 的模型并没有对应该进行几次测试作具体的规定,研究者可以依据自己的研究设计和研究目的自行决定。对于一个持续 12 个月的锻炼计划可能对自尊产生的影响,我们不可能只在计划实施前后仅进行两次自尊水平的评价。因此,该图将重复顺次向右延伸,直至所有评价完成。

纵坐标轴与 Shavelson 模型纵坐标轴的含义相同,即具体自我评价在底部,一般自我评价在顶部,而影响自尊变化的过程从模型最底部的身体测试开始。有关身体的测试可以是对单一变量的单次测试,也可以是对综合指标的综合测试。像纵坐标轴表示的一样,这些测试可以非常具体、非常客观,它可以是一次最大卧推举的重量(平躺在长凳上,卧推杠铃的重量)。只有当这些身体测试成为自我效能的来源时,它才是重要的。因为身体自我效能是无数次特殊任务指向自我效能的合成物,而身体自我效能又为身体能力的评价提供了基础。例如,一位实施心脏康复性耐力锻炼的老年人报告说,他(她)对完成该活动的自我效能感明显提高了。对心脏康复性耐力锻炼活动自我效能感的提高可以延伸和影响到老人完成其他日常活动,如家务劳动和去超市购物的效能期待。结果是,老人认为他(她)已具备了完成日常生活所需的各种能力。

如图 4-8 所示,身体能力直接或是通过身体接受力间接影响自尊。身体接受力指个体对自身身体能力水平的接受程度。高水平身体接受力可以增强自尊。如果个体不接受他(她)的身体能力水平,则总体自尊也会相应受到影响。例如,个体 A 按 5 分钟每公里的时速跑完了 5 公里,并对自己的体适能水平非常满意。但对于个体 B 而言,他(她)可能不接受/不满意在 5 分钟每公里时速下跑完 5 公里时自己所表现出来的体适能水平。显然,两者的总体自尊水平也可能分别受到不同的影响。

如上例所示,不同个体对同一表现会有不同的认识。只有主观感知的成功(subjective perception of success)才与个体的自我概念或自尊有关,认识到这一点异常重要。你的体育指导教师或是健身教练可能多次告诉你,你的体适能水平通过体育锻炼得到了提高。但如果你自身不认为有提高或是有所成就的话,那么你的自我概念或是自尊水平就不可能得到相应提高。反之,如果你的健身教练并不认为通过力量练习,你上臂的肌肉力量提高了。但是,你却认为通过力量练习是成功的,因为它不但增加了自己的能量,而且完成日常工作的能力也比参加锻炼前有所增强。那么你的自我概念或自尊很可能会受到影响。因此,表示体适能水平增加的客观指标虽然可能没有发生变化,但自我概念和自尊也会因为个体对自身身体能力的主观积极判断而得到改善。

二　身体自我概念和自尊的测量

1989 年，Fox 和 Corbin 在 Shavelson 自我概念的多维度模型基础之上，编制了《身体自我知觉剖面图》（The Physical Self-Perception Profile，PSPP）量表。该量表由 30 个项目组成，每个项目对两个完全相反的现象进行配对描述（见图 4-9），受测者要求仔细阅读每个项目，确认两种陈述中的哪一种最能代表自己目前的状态，然后再对其程度进行选择（例如，从“似乎符合我”到“完全符合我”）。该量表由五个分量表组成，分别测量运动能力（sport competence），身体状态（physical conditioning），外貌/吸引程度（body appearance/attractiveness），身体/肌肉力量（physical/muscular strength）和整体身体自我价值（global physical self-worth）。PSPP 在以不同性质人群（如中年人，美国和英国的大学生，超重成年人等）为对象实施测量后，被证明具有良好的信、效度。

运动能力	一些人觉得他们在运动时表现并不出色；然而，另一些人觉得他们恰恰善于每一项运动。
似乎符合我　1　2　3　4　5　6　7　完全符合我	
身体状态	一些人不常有高水平的体适能和体力；然而，另一些人总是能保持高水平的体适能和体力。
似乎符合我　1　2　3　4　5　6　7　完全符合我	
身体吸引力	一些人对其身体和外貌绝对自信，然而，另一些人则对其身体和外貌毫无意识。
似乎符合我　1　2　3　4　5　6　7　完全符合我	
身体力量	一些人觉得他们比同性人群更强健有力；然而，另一些人则认为和同性的大多数人相比他们力量不足。
似乎符合我　1　2　3　4　5　6　7　完全符合我	
整体身体自我价值	一些人对他们的身体完成满意；然而，另一些人有时对他们的身体不太满意。
似乎符合我　1　2　3　4　5　6　7　完全符合我	

图 4-9　《身体自我知觉剖面图》量表样题

同样是在 Shavelson 自我概念的多维度模型基础之上，1994 年，Marsh 及其同事编制了《身体自我描述问卷》（The Physical Self-Description Questionnaire，PSDQ）。由 70 个项目构成的该量表被分为测量身体自我概念的分量表，由 9 部分组成，即一般健康水平（general health），协调性（coordination），体力活动参与（physical activity participation），身体脂肪（body fat），运动能力（sports competence），外貌/吸引力（appearance/attractiveness），肌肉力量（muscular strength），柔韧性（flexibility）和心肺耐力（cardiovascular endurance)；和测量总体身体自我概念和总体自尊的 2 个分量表(见图 4-10)。其中总体身体自我概念和总体自尊分量表各有 8 题，测量身体自我概念的 9 部分内容均由 6 题组成。回答采用 Likert6 点计分法，变化范围由“1”(错误)到“6”(正确)。1996 年，Marsh 及其同事在以澳大利亚青少年为研究被试进行的系列研究中，为该量表的信、效度指标提供了相当的证据。同时，由于加入了对总体身体自我概念和总体自尊的测量，PSDQ 为更为全面地评价身体自我概念提供了可能。

健康	“我几乎从不生病或感到不舒服”
协调性	“在大多数的体力活动项目中，我都能流畅地完成动作”
体力活动参与	“我经常参与让我剧烈呼吸的体育锻炼或活动”
身体脂肪	“我的身体里有太多的脂肪”
运动能力	“大多数运动对我来说很容易”
外貌／吸引力	“我很帅／漂亮”
肌肉力量	“我能够轻松地提起重物”
柔韧性	“我想我会在身体柔韧性测试中表现良好”
心肺耐力	“我可以长时间的参与体育锻炼而不感到疲劳”
总体身体自我概念	“我对我的身体感觉良好”
总体自尊	“总的来说，我有很多值得骄傲的地方”

图 4-10 《身体自我描述问卷》样题

三 锻炼和自我概念、自尊

目前有大量自我概念、自尊和锻炼行为关系的研究成果存在，它们不但包括研究综述，还有以老年人、青少年、儿童(包括肥胖儿童、残疾儿童)、癌症患者、受伤运动员等特殊人群为对象进行的研究。1997 年，McAuley 等人检验了身体自我概念、身体自尊和总体自尊水平与 20 周散步锻炼行为之间的关系。在以大样本的中老年惯于久坐人群为对象进行研究后发现，被试的总体自尊、身体自尊及对身体状况的主观认识，在参加 20 周锻炼后均有所提高。尽管有关外貌/吸引力的主观认识提高并不显著，但与锻炼计划开始之前相比，外貌/吸引力的重要程度相对于身体能力的重要程度有所下降。该研究还试图验证 Shavelson 及其同事，以及 Sonstroem 和 Morgan 提出的自尊多层次模型。研究结果对两个模型均做出了有力的支持，即锻炼通过增强身体能力和相貌吸引力影响了身体自尊，又通过身体自尊进而影响了总体自尊。同时，自我效能和身体有氧能力的变化也对身体自尊产生了影响。

为了检验长期有氧锻炼对总体自我概念和身体自我概念的影响，1999年，DiLorenzo及其同事应用随机抽样的方法，将健康的成年男性和女性随机分配到控制组和12周固定自行车锻炼干预组。研究者分别测量了被试在锻炼前总体自我概念的基线水平，以及锻炼干预结束后即刻（12周锻炼计划结束即刻），结束后3个月、6个月和12个月时被试总体自我概念的变化。研究结果表明，相对于控制组，锻炼组被试不但在12周锻炼计划前后经历了总体自我概念和身体自我概念的大幅提高。更为重要的是，在锻炼计划结束12个月之后，锻炼对总体自我概念和身体概念的影响效果仍旧存在。

尽管有78%左右的研究结果支持了锻炼和自尊之间正相关关系的存在，但我们也不能忽视，仍有一部分研究结果没有对这一关系给予有力的支持。除了研究者在测量工具使用上存在具体差异之外，研究设计的不同（如不同的锻炼形式、锻炼频度、锻炼强度、锻炼持续时间，以及锻炼干预计划持续时间的不同）也可能是造成前期研究结果不一致的主要原因。2000年和2005年，Fox和Spence等人分别在研究综述中指出：①锻炼频度、强度和持续时间没有被证明对总体自尊存在显著影响，尽管锻炼频度对总体自尊存在一定影响趋势，即参与锻炼的频度越高，总体自尊增加的幅度越大。②没有发现锻炼干预计划持续时间的长短对自尊产生了影响。但Fox却发现，随着锻炼干预计划持续时间的不断延长，总体自尊显现出了大幅增加的趋势。Fox还建议，锻炼干预计划至少应该持续12周以上，并在结束后的6个月或更长时间内继续保持与被试的联系。③有关锻炼形式对自尊的影响不明确。Spence等人认为没有发现锻炼形式对自尊可能产生影响的有力证据；但Fox却发现，研究结果有力支持了有氧锻炼和力量训练在提高自我知觉方面的有效性。

我们可以谨慎地认为，首先，锻炼对各类人群的自我概念和自尊存在一定的积极影响；其次，自我概念和自尊的大幅提高更容易发生在那些可以从锻炼中获得最大生理和心理收益的个体身上；最后，锻炼对自我概念和自尊的影响可能并不如前期研究结果报告的那么强烈。

第五节　锻炼和身体意象

身体意象（body image）是个体对自己身体的主观意象。体重及体脂的分布情况，对身体外表的价值观，所持有的良好身体外表的标准、种族、文化背景，所看到的身边的人，各种媒体上宣传的形象等等，都对身体意象产生影响。身体意象一直以来就是容易成为社会焦点的问题，因为很多人对自己的身体或身体的一部分不满意，并有部分人因此而遭受负面影响。1997 年，Garner 的一项调查结果显示，有 89% 的女性想减体重，而有 22% 的男性想增重。同时，有 93% 的女性和 89% 的男性希望时尚杂志中模特儿的身材能成为日常体型变化的标准。

一　身体意象的概念和影响因素

身体意象的定义因研究领域的不同而有所不同，1920 年，Schilder 成为首位从心理学和社会学的角度来分析身体意象的学者。他在 1935 年首次提出了身体意象的概念，并于 1950 年将其定义为“个体对自己身体所形成的影像，是感觉神经系统、心理因素和社会因素三者相互作用的结果，是一种动态的过程”。随着研究者对身体意象研究的不断加深，对其含义与范围的认识也逐步加深。1990 年，Cash 和 Pruzinsky 将身体意象的特点概括为以下七点：

1. 身体意象是对身体和身体经验的感觉、知觉和想法；
2. 身体意象的结构是极其多元化的；
3. 身体意象经验和对自我的感觉是相互联系的；
4. 身体意象受社会因素影响；
5. 身体意象并非固定，静止不动；
6. 身体意象影响信息加工过程；
7. 身体意象影响行为。

1994 年，Slade 认为，身体意象是个体心中所呈现的身体大小、形态、体格及对这些特征和身体部位的情感反映。身体意象分为两个主要部分：一是知觉部分，即身体知觉，对身体尺寸大小、形态的主观评价；二是态度部分，即身体概念，对自己身体的态度和情感。

因为身体意象是一种主观的心理现象，因此受到性别、年龄、文化、大众媒体、家庭环境、性格特征及体力活动和锻炼行为等多方面因素的影响。女性比男性更注重外表和体型，这是一个不争的事实。大量的研究结果也显示，男女在身体意象满意度上存在着显著差异，女性较男性而言，对自己的身体更加不满意。相对于男性，女性无论年龄大小，都对自己的身体感到不满意；而男性对自己身体的不满意则有随年龄增加而增加的趋势。文化也是影响身体意象的一个重要因素。每一个时代，每一种文化，每一个国家都有自己对美的不同定义和标准，这使得身体意象也处在不断地发展变化中。

现代社会,大众媒体成为影响身体意象的主要因素之一。近年来,电视、网络、报纸和杂志等传播媒体出现了大量美体、塑身等方面的广告,众多女性在接触到类似信息后,也开始以广告词和模特儿的标准来要求自己,这也使得女性对自身的不满意程度逐渐增加。1998 年,Rabak-Wagener 等人就流行广告对大学生的影响进行了研究,结果发现,流行广告对年轻女大学生的身体意象及态度呈负面影响。它同时对男性也产生影响,但对男女的影响有所不同。流行广告对男性的影响主要表现在体型的改变,而对女性的影响则主要集中在体重方面。有些人群过分关注他们的身体意象,以至于引发了饮食异常、强迫性/过度性肌肉锻炼、类固醇服用和各类整形手术等问题。

如图 4-11 和 4-12①所示,对于男性大学生而言,文化理想型体重和医学理想型体重(具有最小死亡风险的健康体重标准)之间并没有太大的差异,文化理想型体重比医学理想型体重稍轻。而男性希望的体重范围也与实际体重范围没有太大差别。但对比女性大学生,文化理想型体重和医学理想型体重之间甚至连交叉点都没有出现,文化理想型体重比健康体重标准要轻得多。有趣的是,女性的实际体重范围均在被认为是健康的标准体重范围之内,但她们希望的体重却与之相去甚远。

将体重控制在正常的范围内,以使自己的身体更具吸引力,这无可厚非。但有些人已经远远超出了正常控制体重的范围,对脂肪的过度恐惧使他们出现了一些过激行为,如暴饮暴食和过度节食等,这些都严重地影响健康。对普通人群是这样,对运动员而言同样存在这些问题。有研究结果表明,15%的游泳运动员、62%的体操运动员和 32%的其他各类运动员都不同程度地表现出饮食异常的现象。

肌肉锻炼中毒者是指那些无视他们健壮的肌肉和健康,而一味认为自己过于瘦小的个体。这种情况下,极易出现力量训练过度。这些个体也因过分追求"完美"的身体而失去了对身体意象的正确认识。2001 年,Goodale 等人的研究显示,无论是普通的男女大学生还是男女大学生运动员,都不同程度的存在肌肉锻炼过度的现象,这不仅影响到了他们的工作、学习、生活、人际关系和自尊,而且也带来了痛苦。类固醇因为能快速增大肌肉的体积而受到年轻男女的青睐,但类固醇在帮助他们保持体型、加速肌肉损伤恢复的同时,也带来了女性男性化趋势和前列腺癌等严重的副作用。

---

① 均引自:Lox. C. L., Martin Ginis, K. A., & Petruzzello, S. J. *The Psychology of Exercise: Integrating Theory and Pracise*. Holcomb Hathaway, Publishers, 2006, pp.241－242.

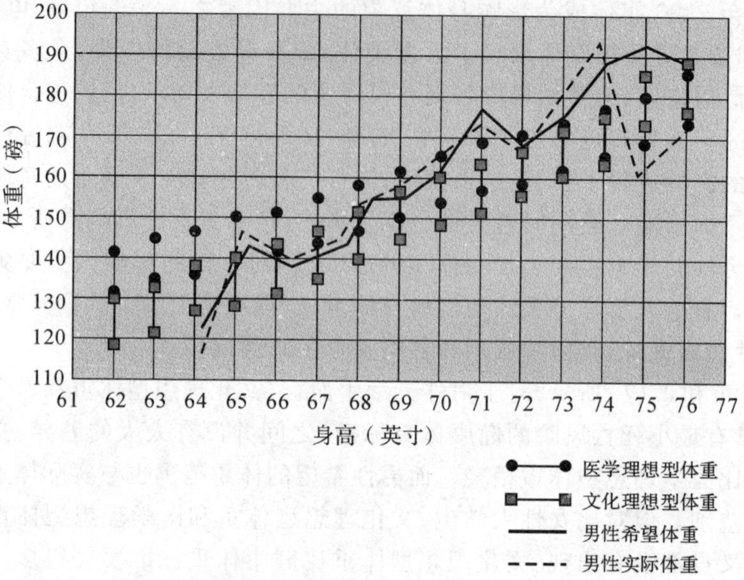

图 4-11　男性大学生实际体重与希望体重和文化理想型、医学理想型体重的对比

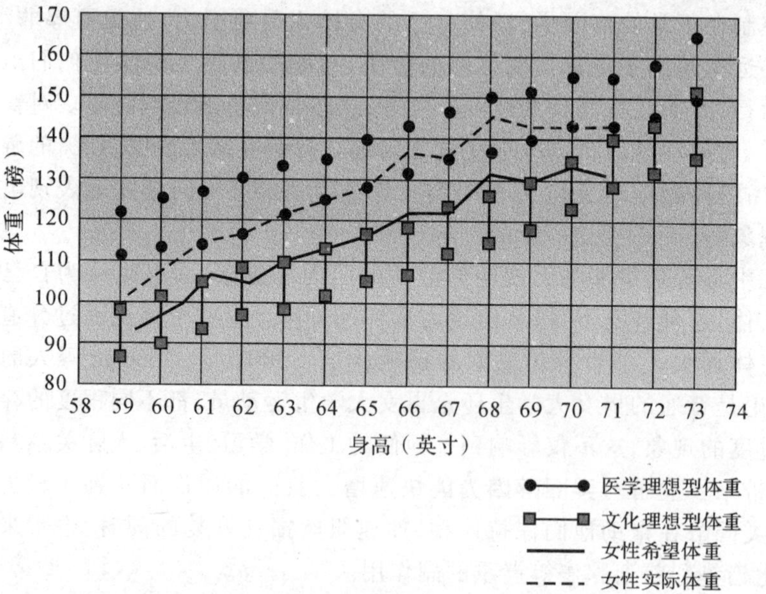

图 4-12　女性大学生实际体重与希望体重和文化理想型、医疗理想型体重的对比

目前,吸脂术和各类整形手术也呈风行趋势。只要需要,整形医生可以帮助你改变身体的任何部位。这样做,可以暂时增加身体的吸引力,进而影响对自身的满意程度。但这些改变都是以感染、身体变形等风险为代价的。

二　身体意象的理论

1.自我图式理论

图式(schema)的概念最早是由 Bartlett(1932)提出的,是个体将相关信息加以组合而形成,用以辨识、分析、归纳、记忆及处理相关刺激的结构。它是先前经验的累积,对个体处理相关信息起一定的引导作用。张氏心理学辞典对图式的定义为:是个体用以认识周围世界的基本模式,该模式由个体在遗传的基础上习得的各种经验、意识及概念等整合而成,构成一个与外部世界相对应的、抽象的认知结构,贮存于记忆中。图式最突出的特征表现在它的结构化和对信息处理方向的影响上。1977 年,Marcus 将自我图式(self-schema)描述为用于处理与自我相关的信息的认知结构。它是个体形成的,组织和引导与自身相关信息处理过程的认知普通化模式。自我图式源于各类与个体有关的个人或社会经验,适用于与个体相关的不同领域,而身体外表就是这其中的领域之一。

依据 Cash 的认知一行为观点,某一刺激会激活与个体外表有关的、以图式为基础的、自我评价和情绪反应的信息处理过程;随后,与之相关的身体意象和情绪会促使个体产生自我调整行为。因此,与外表相关的自我图式是理解个体日常身体意象经历的关键。所谓外表图式是个体对"人生重要的、有意义的、有影响的外貌表现"所形成的具有概括性的认知图式,对身体意象异常的发展有决定性作用。虽然外表图式在概念上与内化(internalization)和以体型和体重为基础的自我评价有类似的地方,但是它因对认知过程的显著影响而显得尤其重要。依据 Marcus 的理论,外表图式是指信息处理的结果,在这个过程中它将影响个体注意到的、回忆起的及解释的与外貌有关的一切信息。虽然每一个个体都有外表图式,但这些图式在强度、细节及可操作性方面都存在着不同程度的差异。那些外表图式越细节化的个体,与外表有关的感知、思维、情绪和行为的冲突反应也就越强烈。

1996 年,有研究结果表明,外表图式对身体意象的认知和情绪部分均产生影响。女性的外表图式的示意性越强,她们表现出的对身体的不满意程度也就越高。此后,Thompson 和 Geller 等人的研究发现,个体外表图式的示意性越强,他(她)就表现出对外表投入更多的精力,回忆起更多的与外表有关的信息,接受相关刺激后表现出更多的对身体的不满。1996 年,Altabe 和

Thompson 研究了身体意象的认知图式后指出:激活身体意象图式将伴随情绪反应,社会比较会增加负性身体意象图式的激活效果。身体意象图式具有一定的稳定性,当环境中有诱因存在时,就会引发负性情绪反应和身体意象困扰。

2. 自我差异理论

自我差异理论(self-discrepancy theory)由 Higgins 提出,他认为自我由三个部分组成,即现实我(actual self)、理想我(ideal self)和准则我(ought self)。不同类型的自我差异将会引发截然不同的情绪反应。理想我和现实我之间的差异会引起与沮丧有关的情绪反应,如失望、悲伤等;而现实我和准则我之间的差异会引起焦虑混乱的情绪反应,如忧虑、紧张等。自我差异理论为解释不同自我的潜在的、迥异的冲突及其引发的情绪反应间的关系提供了基础。1990 年,Moretti 和 Higgins 的研究结果表明,唯独理想我和现实我之间的差异与个体的自尊水平有关,并会引发负面情绪反应。这种差异会随年龄的增加而缩小,年轻人理想我和现实我之间的差异明显大于老年人。与身体意象有关的自我差异,多是因为个体现实的外表和体型与文化或是媒体宣传的美的标准之间存在差异而引起的。

3. 社会比较理论

1954 年,Festinger 提出了社会比较理论(social comparison theory),他主张:①个体具有评价自身观点和能力的内驱力;②即使在缺乏可比的目标物及相关社会准则的情况下,个体仍会表现出社会比较(跟其他个体进行比较);③不论何时,只要可能,个体都会与自身类似的个体进行比较。个体在身体外形及饮食习惯方面同样会进行比较,而比较的方向[和体型比自己好的人比(upward)/和体型比自己差的人比(downward)]和比较对象的性质(具有普遍性,还是极其特殊的)将直接影响比较后个体的情绪反应。向下的比较对提高自尊水平是有帮助的,而向上的比较则会产生相反的效果。与具有普遍性的标准(例如媒体宣传的美的标准)进行比较会比与特殊群体(如身边的朋友或家人等)进行比较时引起更大的压力。有研究结果表明:在对外形的社会比较方面,个体更倾向于向上的比较而非向下的比较,如与媒体宣传的形象或模特儿的比较,这种比较对主观认为的自身的吸引力及自我评价等都将产生负面的影响。

三 身体意象的测量

对身体意象的测量主要从知觉和主观两方面进行。知觉层面的测量是对身体外观的评价，主要通过对身体部位和全身体型大小的正确性的评估来实现。例如对身体部位的测量，多数研究以光线投射法来预测身体某部位的宽度，然后再与实际测量所得数据进行比较，计算出高估或低估的比率。对全身大小的测量则是将修正过的影像通过录像带、照片或是镜子呈现给被试，让他们选择与自身最相符的影像，并推算测量值与实际值之间的差异。

主观层面上的测量，最常用的方法是将由瘦到胖体型连续发展变化的图片呈现给被试，让被试挑选能代表目前和自己期望的体型，将两者之间的差距视为对身体的不满意程度，做体型/体重满意度的测量，如 1995 年 Thompson 和 Gray 设计的身体意象评估量表（Body Image Assessment Scale）（见图 4-13）。也有可以通过问卷形式进行的主观测量，如 1990 年 Cash 及其同事开发的身体和自我关系问卷（Body-Self Relation Questionnaire，BSRQ）及其修订版（Multidimensional Body-Self Relation Questionnaire, MBSRQ）（见图 4-14，4-15），以及 1989 年 Hart 和 Leary 及 Rejeski 提出的社会性体格焦虑量表（Social Physique Anxiety Scale, SPAS）等（见图 4-16）。

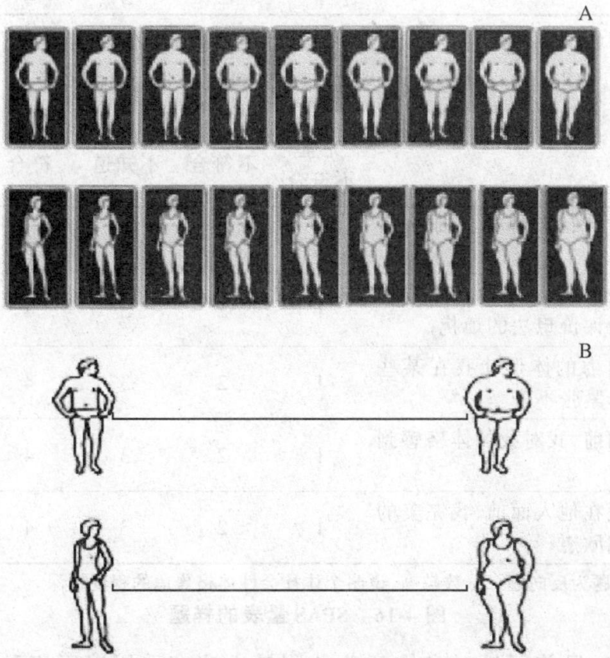

图 4-13　身体意象评估

	完全不同意	不同意	不知道	同意	完全同意
1.我喜欢我的长相	1	2	3	4	5
2.我的身体健康,具有吸引力	1	2	3	4	5
3.大多数人会认为我长得好看	1	2	3	4	5
4.我讨厌我的外形	1	2	3	4	5
5.我的身体完全不具吸引力	1	2	3	4	5

注:其中第4,5题为反向计分题。分数越高,说明个体对自己外貌的评价越积极。

图 4-14　MBSRQ 中外貌分量表的样题

	完全不满意	不满意	不知道	满意	完全满意
1.脸(脸型,肤色)	1	2	3	4	5
2.头发(颜色,粗细,质地)	1	2	3	4	5
3.下肢(小腿,臀部,大腿)	1	2	3	4	5
4.上肢(胸部,肩膀,上臂)	1	2	3	4	5
5.重量	1	2	3	4	5

注:计算所有项目的分数。分数越高,说明个体对自己身体的满意程度越高。

图 4-15　MBSRQ 中身体部分满意程度分量表的样题

	完全不符合	不符合	不知道	符合	完全符合
1.我希望对自己的体格不那么紧张不安	1	2	3	4	5
2.有时我会受他人对我的体重和体形消极评价想法的烦扰	1	2	3	4	5
3.毫无吸引力的体形让我在某些公众场合紧张不安	1	2	3	4	5
4.在他人面前,我对我的体格感到焦虑	1	2	3	4	5
5.我对出现在他人面前,我完美的体格感到欣慰	1	2	3	4	5

注:其中第5题为反向题。分数越高,说明个体社会性体格焦虑的程度越深。

图 4-16　SPAS 量表的样题

综上所述,目前国外对身体意象的测量方法多采用以下五种:

1.身体部位估测法(body site-estimation procedure)。

2.全身影像调整法(whole-image adjustment procedure)。

3.图像法/轮廓法(figural rating scale/body silhouettes)。

4.问卷测量,主要从对身体的认知、身体-自我关系、身体满意程度(body satisfaction)/自尊(esteem)及社会性体格焦虑(social physique anxiety)/关注程度(concern)等方面进行问卷测量。

5.其他,主要是身体意象行为问卷(被试指出自己表现与身体意象有关行为的频率)和主观评定指数(依据被试自身的年龄、身高和性别等的正常值来评定体型)。

四　身体意象和身体塑型

身体意象是一个异常复杂的结构,并且具有知觉、情绪、认知和行为四方面的特征。以前,绝大多数研究集中在女性与身体意象有关的问题方面。近来,与男性有关的身体意象问题成为研究者追逐的新焦点。

尽管目前有关成年男性对身体不满意程度的研究还不多,但已有研究结果显示,成年男性对身体的不满意并不像成年女子那样简单。各个年龄阶段的成年女子都只要求自己瘦,而无关乎体质指数。但男子的情况有所不同,有部分男子希望自己瘦,而部分男子则希望自己看起来更强壮,富有强健肌肉。对男大学生的研究结果显示,希望减少体重和希望增加体重的人数几乎相同。但后者不但希望自己增加体重,更希望自己能够看起来更强壮、更充满强健的肌肉。更有趣的是,这种希望增重,希望自己看起来充满强健肌肉的情况在不同文化背景下存在一致性。1997 年,Pope 等人对美国、法国、奥地利男子的研究结果发现了这一趋势,男性在表现出强烈的增重和希望自己强健的同时,也表现出了对自己身体的强烈不满。1988 年,Pasman 和 Thompson 的研究结果发现,参加力量训练的男子比跑步的男子显示出了更强烈的对自己身体的不满。

1996 年,Anderson 等人指出,一般男性采用的改变身体的方法主要有力量训练、饮食控制和服用类固醇减少身体脂肪增加肌肉等。为了增加肌肉,不但出现了男性强迫性/过度性肌肉锻炼和过度服用药物等问题,而且也出现了自尊水平低和身体焦虑高的现象。当然,强调身体塑型的男性和仅仅进行力量训练的男性在训练的重点上有所不同,前者仅强调肌肉的外表,要求身体看起来更富有强健肌肉;而后者则强调通过训练增强肌肉的机能。

对男性身体意象产生影响的因素很多,但目前一个不可忽视的因素就是媒体的影响。无论电视广告、杂志,还是网络广告,都在铺天盖地地宣传这样一个现代男子的标准——高大、强壮、少脂肪、多肌肉块,而健康、正常的身体机能早已被抛在脑后。当然,为了获取吸引人的、帅气的外表,可能使男性积极投入锻炼和科学饮食,但更有可能将他们导入过分追求不现实外表的误区,以至于出现对自己身体极度不满意和沉溺于非健康行为的现象。

五 身体意象和形体修形

对女性而言,她们更注意外貌,特别是身体的外形和体重。在我们冷静分析一下目前社会上关于美女的标准之后,你就会觉得产生上述现象不足为奇了。当媒体宣传的、理想中美女身体的尺寸和外形与现实女性的差距越来越大的时候,不难想象,女性对自己身体的不满意程度也就随之越来越强烈了。

这种身体意象失调(body image disturbance)现象直接导致了美国女性每年花费近 470 亿美元,用在参加健身训练、购买体育器材、节食、注册商业性体重控制项目和整形上。而那些对改变自己外形的各种尝试仍不满意的女性则有可能发展为病理性的饮食和身体意象异常。1990 年,Cash 等人认为,不同文化对身体吸引力的不同认识,促使女性倾向于为自己设立过高的、无法达到的标准,而且可能导致不恰当饮食和运动模式的发展与形成。1998 年,Stice 和 Agras 也发现,对身体的不满意和"理想瘦身形象的内化"可以预测青春期女孩的非正常饮食及其代偿行为。这些研究发现表明了一个事实,即不现实的身体外形标准导致了女性对自己身体的不满意,而当她们试图努力减小理想与现实之间的差距时,则导致了饮食异常和其他问题行为的发展与形成。

身体意象失调除了会引起女性行为方面的问题外,还可能引发自尊水平下降、抑郁及社会性体格焦虑等心理问题。有研究结果表明,社会性体格焦虑和女性的体脂肪含量、低自尊水平及身体不满意程度有关。1997 年,Martin 等人对优秀女运动员社会性体格焦虑的预测因子进行了分析,回归分析的结果显示,当控制体脂百分比(fat%)时,自尊、体重控制和主观身体意识对社会性体格焦虑的解释程度有 57%,其中自尊对它的解释程度最大,达 45%。2003 年,Russell 等人的研究结果发现,非洲裔美国女子与高加索美国女子相比,具有较低的社会性体格焦虑、身体不满和较高的自尊水平。对社会性体格焦虑的回归分析结果显示,主观觉察体重差异对高加索美国女子具有更高的预测性,而身体不满对它的预测性在种族上不存在差别。

六 锻炼和身体意象

1. 锻炼对身体意象的影响

2002 年,Martin 和 Lichtenberger 在一份研究综述中指出,锻炼可以明显导致身体意象的提高。虽然有氧运动(如,游泳)和力量训练都在提高身体意象方面显示出了极大的作用，但力量训练似乎更为有效。1993 年，Tucker 等人将 60 名女被试随机分为力量训练组和散步锻炼组，每组每周锻炼 3 次，在研究开始前和 12 周锻炼计划结束后分别测量了被试对自己的身体满意程度。研究结果显示，在锻炼计划结束后，两组被试均表现出了身体意象的明显提高，而力量训练组被试身体意象提高的幅度又明显大于散步锻炼组。

那么，锻炼究竟是通过怎样的机制来影响身体意象的呢？有研究者建设，锻炼可能通过三条路径来影响身体意象，即，通过提高体适能，增加身体能力的意识和增强自我效能，进而达到提高身体意象的目的（见图 4-17）。

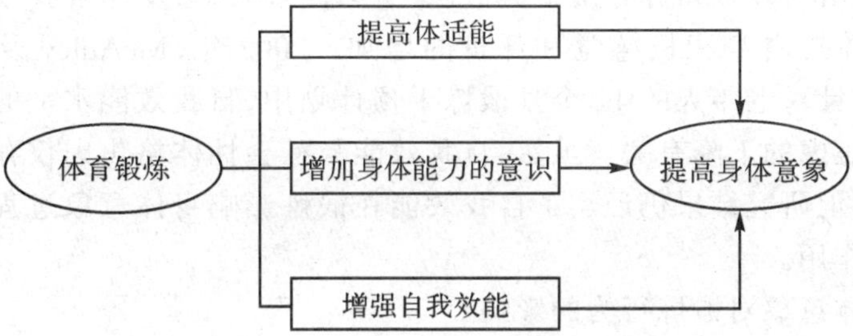

图 4-17　锻炼影响身体意象机制

绝大部分锻炼干预的研究都检验了身体意象的改变和单一体适能指标—体成分（body composition）之间的关系。一些研究结果表明，身体意象的改变和体成分的变化无关；而另一些研究结果则显示，在锻炼干预期间，体成分的改变和身体意象的提高存在显著的相关关系，身体脂肪含量和体重的下降，导致了身体意象的大幅提高。事实上，改变体成分对身体意象的影响相当有限，在有些研究中，被试的身体意象明显提高，但体成分变化很小，甚至没有发生任何变化。因此，体重的大幅下降并不与身体意象的大幅提高必然相关，而体成分的小幅改变也可能会引发身体意象的巨大改变。

有一个问题值得我们进一步关注，即，到底是锻炼导致体适能的实际提高解释了体适能—身体意象关系；还是锻炼引发体适能变化导致个体对自身外表的主观知觉改善进而解释了体适能—身体意象关系？

如果体成分的改变不能完全解释锻炼对身体意象的积极影响，那么又是什么原因导致了这一现象的发生呢？或许锻炼使个体更加关注自身的身体能力，而“忽视”了其对身体外表的影响，因此导致了身体意象的提高？这种由关注身体外表向关注身体能力的转变可能对女性的影响更为显著。当女性为提高无外表因素身体意象而参与锻炼时，会比为获取理想身材而参与锻炼的女性感受到更大的成功和满足感。这或许可以解释,为什么那些因体适能相关动机而参与锻炼的女性,比那些因外表/身材相关动机而参与锻炼的女性,报告出更显著的身体满意感。我们的文化或媒体对理想的女性体适能水平并没有严格的限定,因此,当她们为提高体适能水平而参与锻炼时,不至于总是和无法达到的理想身材标准(文化、媒体宣传的理想身材标准)进行比较,也就不会总是对身体表现不满了。

当个体关注身体能力的提高时,也极有可能影响到他们的自我效能感。而自我效能的提高又会导致身体意象的变化。这一假设与 Sonstroem 和 Morgan 提出的锻炼和自尊模型类似(参见第四节),即,身体自我效能的提高将导致个体对自身积极感觉和评价的增加。2002 年,McAuley 及其同事发现,在一个针对老年人的 12 个月锻炼干预计划中,自我效能水平的提高与社会性体格焦虑的下降有关。虽然,自我效能与社会性体格焦虑仅存在中等程度的相关,但研究结果仍证实了自我效能在锻炼影响身体意象过程中至少存在一定的作用。

2.身体意象对锻炼行为的影响

对身体意象的关注可能成为激发个体参与锻炼的动机。有研究表明,降低体重和增加肌肉体积是个体参与锻炼的主要动机之一。最初为了改变身材而参与锻炼的个体,最终可能将锻炼动机转变为持续的生理和心理效益。事实上,长期坚持锻炼的个体,更认可参与锻炼是为了持续获得生理和心理上的健康收益,而不仅仅是为了改善外表/身材。在有些个体中,如果将降低体重和塑型作为参与锻炼的首要需求的话,那么这种需求最终导致锻炼依赖的可能性极大(参见本章第三节)。

对身体意象的关注也可能导致个体丧失参与锻炼的动机。有时,个体拒绝参与锻炼是因为,他们担心自己被他人认为过度肥胖,不协调,或无用。2001 年,Martin 等人以爱尔兰青少年为对象进行的研究中发现,对身体意象的过分关注是导致青少年回避参与锻炼的主要原因。同样,那些超重或肥胖的个体也拒绝或是回避参与锻炼,因为对自身外形的局促不安和羞耻。

第六节　锻炼和应激

应激(stress)也就是我们通常所说的压力,是指个体在面对具有威胁性刺激情景时,一时无法消除威胁逃离困境所产生的一种被压迫的感受。应激主要包括三方面含义:造成生理、心理功能紊乱的紧张性刺激物(称之为"应激源",stressor);刺激物所导致的适应不良反应(应激反应,stress response);以及介于两者之间的状态。现代应激理论认为,应激是有机体对应激源应答反应的综合表现,是机体在环境适应过程中实际上或认识到的要求与适应或应付能力间不平衡所引起的心身紧张状态。应激的结果可以有适应和适应不良两种情况。

现代人的生活节奏变得越来越快,也带来了越来越多的压力。由于日常生活中压力源的不断增加,伴随焦虑、抑郁等的心理不适及生理不适(如癌症、心血管疾病,感冒)症状在普通人身上呈现蔓延和扩张的趋势。心理学称这种"不协调,或体内稳态受到威胁"的状态为应激。简而言之,应激是我们在生活中遭遇挑战时而经历的状态。这些被称之为挑战的应激源,既可以来自于外部(如身体威胁),也可以来自于内部(如惧怕在众人面前讲话)。尽管应激源通常情况下被认为是消极的(如考试、离婚等),但它同样可以是积极的(如毕业、结婚等)。

1930 年,汉斯·塞利(Hans Selye)首次将应激概念从工程学领域引入心理学,用于他早期的研究。

> 他试图给小鼠实施注射,但很明显,他有点儿笨拙。一会儿抓住它,一会儿又让它跑脱。他花了整个早上不是追老鼠,就是被老鼠追得在房间里乱跑。一会儿将它从水槽中抓出,一会儿又失手将它掉了进去。①

塞利发现,当老鼠被置于一个使其极其不愉快的状态时,可以引发一系列生理变化,如胃溃疡,肾上腺素分泌,免疫系统紊乱等。他指出,尽管是动物被放在了不同的应激情景下,但它们的生理反应是类似的。如果动物被长时间的置于此种应激情景之下,它们就会生病。塞利称这种状态为"一般适应综合征"(general adaptation syndrome)。当个体遭遇短暂的应激源时(如受伤威胁,尴尬场面),被称为"唤醒(arousal)或警觉(alarm)"。一系列即刻的生理适应反应,可以帮助个体应对危机/挑战,进入"临战"状态。事实上,面临短暂应激情景,身体出现的反应是有利于个体应对危急状况的。当应激源消失后,身体又会回复休息时的稳定状态。如果应激源持续存在,而个体又寻找不到解决问题的方法,则会导致其进入超负荷,或"力竭"状态。

塞利认为,可以将应激划分为良性应激和不良应激两类。良性应激

① Sapolsky, R. "Taming Stress." *Scientific American*, 2003, 289(3), 88-95.

(eustress)是指积极的,令人满意的,挑战性的应激。这种应激符合人们的期望,因此可以在一定程度上达到唤醒个体,帮助个体动员心理资源,应对来自身体内外环境挑战的目的。不良应激(distress)是指使个体不愉快的,破坏性的应激。这种应激是个体力图避免的。本节中所讨论的应激主要指不良应激。

一　应激导致的生理和心理反应

当个体遇到真正的或主观知觉的威胁时,就会出现所谓的应激反应。此时,大脑向皮层下中枢,一个称之为杏仁体(amygdala)的结构发出信息,而杏仁体被认为是引发机体应激反应的中枢控制机构。当然,引发应激反应的指令也可能不来自大脑皮层。随后,杏仁体又会激活另一皮下中枢结构－下丘脑(hypothalamus)。下丘脑的不同区域具有不同的作用,其中,①侧下丘脑通过激活交感神经系统(sympathetic nervous system, SNS)引发肾上腺髓质(adrenal medulla)释放儿茶酚胺(catecholamine,包括肾上腺素(epinephrine, E)和去甲肾上腺素(norepinephrine, NorE));②室旁核(paraventricular nucleus)激活促肾上腺皮质(corticotropin)释放激素,继而对垂体(pituitary gland)产生刺激,随后引起促肾上腺皮质激素(adrenocorticotropin)的释放。促肾上腺皮质激素作用于肾上腺皮质(adrenal cortex),又会刺激皮质醇(cortisol)的释放。儿茶酚胺和皮质醇都会促使个体进入"临战"状态,帮助身体应对应激源。长期处于应激状态,将导致个体一再激活上述的应激反应回路(见图 4-18)。

应激反应的主要特征包括两种肾上腺激素的分泌:①肾上腺髓质分泌的儿茶酚胺,包括肾上腺素和去甲肾上腺素;②肾上腺皮质分泌的皮质醇。通常情况下,儿茶酚胺的释放与激活、努力、"交战"有关;而皮质醇的激活则更多的与不良应激或负性情绪有关。传统意义上,儿茶酚胺的释放被看作个体遇到了具有挑战性的情景;而皮质醇的释放则被看作个体把面临的应激源视为威胁或是不愉快的挑战。应激源的新颖性、可预测性和可控性直接影响着皮质醇的反应。

1991 年,Frankenhaeuser 的研究表明,如果个体将应激源主观知觉为容易应对,则会激活更为积极的应对方式,并导致去甲肾上腺素的分泌。如果个体将应激源主观知觉为难以控制,则焦虑的水平就会上升,相应会激活相对消极的应对路径,从而引发肾上腺素的分泌,以及去甲肾上腺素和肾上腺素比例的下降。当个体将应激源主观知觉为失去控制,或无法控制时,伴随皮质醇分泌

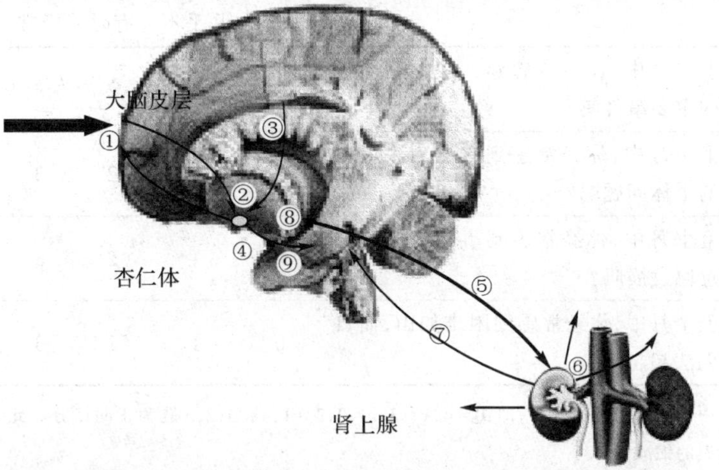

注：①一时的或主观感知的威胁刺激，通过感觉神经系统传入大脑皮层；②大脑皮层传输指令至应激反应主要调节中心—杏仁体；③另外，前意识信号也可能引发杏仁体突如其来的反应活动；④杏仁体释放肾上腺分泌激素（CRH）；它也将刺激脑干；⑤通过脊髓激活交感神经系统；⑥作为反应，肾上腺产生应激激素－肾上腺素；同时，另一条回路引发肾上腺皮质激素的释放。两种不同激素同时作用于心脏、肌肉和肺等，使身体进入"临战"状态；⑦如果应激源长期存在，肾上腺皮质激素将引发蓝回（locus coeruleus）活动；导致去甲肾上腺素分泌；⑧蓝回与杏仁体交互作用；⑨致使肾上腺激素分泌增加。

图 4-18　不良应激反应循环图

的不良应激反应就会出现。

二　应激反应的测量

锻炼心理学领域有关应激的测量主要使用自陈式测验和生理测量两种方式。

1. 自陈式测验

在锻炼心理学界使用较为广泛的一个自陈式量表是知觉应激量表(Perceived Stress Scale，PSS)，主要用于测量个体对生活中各情景所感知到的压力程度(见图 4-19)。该量表可以用于评价个体的应激水平，以及主观知觉到的可能经历的应激程度。但自陈式测量很难揭示出应激状态下个体生理变化的机制。

	从不	几乎不	有时	经常	总是
1.在上个月中,你经常感到无法控制生活中的重要事件吗?	0	1	2	3	4
2.在上个月中,你经常感到有能力去应对你的个体问题吗?	0	1	2	3	4
3.在上个月中,你经常感到事物在按照你的意愿发展吗?	0	1	2	3	4
4.在上个月中,你经常感到困难如山,而自己无法超越吗?	0	1	2	3	4

注:其中1,4题为反向计分,即:0=4,1=3,2=2,3=1,4=0;2,5题为正向计分。此为知觉应激量表的缩减版。

图4-19 知觉应激量表样

2.生理测量

在应激测量中使用最为普遍的生理指标有心率、血压等。1987年,Crews和Landers在一项对34个研究进行的综述中指出,有88%的研究使用了心率和血压,而研究设计均比较了应激状态下的应激反应水平和基线水平之间的差异。但是在使用心率、血压等生理指标进行的研究中,研究者并没有进一步检验心率和血压的变化是如何,为什么产生的?心率和血压的上升既可能由于交感神经回路和副交感神经回路的综合作用,也是可能是其中一条回路的单独作用。1988年,Van Doornen等人的研究结果指出,锻炼过程中心率的增加很大程度上归因于副交感神经控制优势的下降;而在应对心理应激源过程中,心率的增加则很大程度上归因于交感神经活动的增强。

除了测量心率外,对于心率变化,或者心率变化规律的监测可以为深入了解应激反应提供更有效的信息,特别是心率在副交感神经影响下的变化范围。绝大多数的心率变化是因为副交感神经的强烈影响造成的,因此控制副交感神经活动有利于控制应激反应。

3.激素水平测量

对儿茶酚胺和皮质醇的测量,也可以为我们进一步了解应激反应提供重要的信息。通过血液、尿液或唾液等,我们可以测得以上两种激素的变化。有一点值得注意,即以上两种激素含量在人体内的变化存在每日的峰值和峰谷。例如,皮质醇在早晨散步之前会出现一次峰值,而另一次峰值会出现在中午或第二天的早上。

三 锻炼和应激

在锻炼心理学界，目前有大量研究检验了锻炼是否会影响自陈式应激反应或知觉应激反应。事实上，人们报告他们在单次锻炼后，或在活动状态下会感受到更低的应激。但由于自陈式测量本身所存在的局限性，以下我们将从几个方面来讨论应激和锻炼的关系。

1.心肺适能

1987年，Crews和Landers对34项有关有氧适能对心理应激反应影响的研究进行了综述。34项研究分别采用了不同的方式对应激反应进行测量，其中包括心率、收缩压、舒张压，自陈量表和激素水平测量等。研究均比较了高有氧适能个体与低有氧适能个体在应激反应上的差异。综述结果指出，无论采用何种方式对应激反应进行测量，有氧体适能水平高的个体都比低的个体表现出了更低的应激反应。

依据Crews和Landers的综述结果，我们似乎可以断定，锻炼对应激具有一定的缓解作用。但也有一部分研究结果与此结论相悖。1993年，Peronnet和Szabo指出，一系列的纵向研究结果证实，锻炼后，心理应激情景下交感神经反应并没有发生清晰的、明确的变化。与上述结果相一致，2002年，Buckworth和Dishman指出，如此多的前期研究结果并未支持，体育锻炼/高水平心肺适能在降低心理性应激反应方面所起的作用。他们强调，锻炼并不会改变个体在安静状态下交感神经活动指标的变化。有研究结果表明，交感神经反应在锻炼后出现了下降，但这一现象只发生在绝对锻炼强度下(即所有个体均在同一锻炼强度下锻炼，而不在乎其体适能水平的高低)。当测量相对锻炼强度时(即依据个体的体适能水平、年龄、性别等安排不同的锻炼强度时)，交感神经反应类似。换言之，锻炼似乎增强了交感神经系统对最大锻炼强度的反应能力，而没有改变它们对锻炼的反应。

2004年，Boutcher也认为，可能存在，绝对心率减少反应是由于安静状态下副交感神经系统占优势，而当面临应激源时，结合出现少量交感神经反应的可能性。测量心率变化其实是对副交感神经系统作用影响下心脏活动水平变化的一个间接反映。对于锻炼有素的个体而言，应激源情景下，心率变化反应更可能是副交感神经系统控制功能消退，而非交感神经系统影响功能的增加。如果心率增加更多归因于副交感神经系统功能的消除，而不是交感神经系统功能增加的话，面临应激源将只会有少量的儿茶酚胺分泌，这从理论上将导致稳态负荷(allostatic load)的降低，最终减少患病和致障的可能性。

2. HPA 轴反应

HPA 轴(hypothalamic-pituitary-adrenal axis)指下丘脑—垂体—肾上腺反应回路。锻炼心理学领域内与应激有关的大部分研究都关注锻炼情景下,个体心血管及儿茶酚胺的反应变化,也有部分研究检验了个体在应激情景下,HPA 回路的反应。2005 年,Traustadottir 等人研究了面对生理性应激源个体产生的 HPA 轴适应反应,是否在面对心理性应激源时同样会发生。他们同时还检验了有氧体适能对上述反应的影响。参与研究的被试是 10 名(19～36 岁)年轻女性和 26 名(59～81 岁)老年女性。年轻女性组和一半的老年女性被划入低体适能水平组,而剩余老年女性则被划入了高体适能水平组。连续的心理应激源由马特应激反应程序(Matt Stress Reactivity Protocol, MSRP)充当,包括 Stroop Color 测字测验(Stroop Color Word Test,见右图),心算测验,拼字游戏(将一系列无规则字母组合拼写成词,用时间限制使被试产生紧张感),冷压任务(让被试把手放在冰水中,并保持尽可能长的时间。最长时间为 3 分钟),最后是一项面对面的面试任务。所有的 MSRP 任务大概持续 30 分钟左右。研究者分别记录了被试在应激任务开始 45 分钟之前的心率、血压和血液皮质醇含量,以及各任务结束后和恢复期间上述指标的变化。

尽管 MSRP 导致被试出现了显著的心血管—内分泌反应和内分泌反应(特别是皮质醇反应),但上述反应仍旧受到体适能水平的调节。相对于老年低体适能水平组而言,老年高体适能组女性在应激源面前表现出了极其显著的低水平皮质醇反应,而这一现象的发生与两组基线水平差异的大小无关。值得关注的是,即使在恢复期间,老年低体适能水平组女性的皮质醇反应仍处在基线水平之上。尽管两组被试在皮质醇反应水平上存在着明确的差异,但在促肾上腺皮质激素分泌反应和心血管反应方面没有差异显现。因此,体适能水平的确对老年女性在应激源下的反应产生了钝化/缓冲作用。Traustadottir 及其同事认为,有氧体适能可以影响应激的敏感程度,最终导致 HPA 轴中皮质醇对心理应激源反应的下降。

3. 免疫系统

应激刺激可能诱发多种免疫系统改变,包括:淋巴细胞增殖反应降低,NK 细胞活性下降,抗体生成水平降低,以及多种细胞因子减少等。1990 年,LaPerriere 等人检验了锻炼对应激反应的缓冲作用。在一组艾滋病无症状有风险男性被试中，接受 HIV-1 化验前进行了 5 周锻炼的被试，当他们被通知 HIV-1 化验阳性后(应激源)，心理和免疫指标只有小幅变化。而控制组被试，即不参加锻炼组，在接收到 HIV-1 化验结果为阳性的通知后，不但免疫细胞活性显著下降，同时还出现了焦虑和抑郁水平显著提高的现象。因此，体育锻炼至少可以部分的削弱现实生活应激源对个体的影响。

4. 反应/恢复

还有一个问题值得关注，即锻炼对应激刺激消失后，个体恢复过程可能产生的影响。1983 年，Sinyor 等人最早就体育锻炼对应激反应过程和应激刺激消失后恢复过程产生的影响进行了实验室研究。研究者检验了 15 名接受过锻炼的男性和 15 名非锻炼男性在持续 17 分钟的应激刺激(包括伴有噪音的心算任务，23 个项目的小测验，和 Stroop Color 测字测验)下，心血管(测量了心率)，生理(测量了肾上腺素、去甲肾上腺素和皮质醇的变化)和心理(唤醒水平和焦虑水平)指标的变化情况。Sinyor 等人发现，相对于非锻炼组，锻炼组在接受应激刺激即刻和第一个 10 分钟恢复期期间，心率变化不明显；而且主观知觉压力也较低。他们同时还发现，锻炼组在接受应激刺激期间，去甲肾上腺素更快、更轻易地达到了峰值，并随即下降至基线水平。研究者主张认为，锻炼组更容易应对应激，并且可以更快的从应激反应中恢复过来。

Traustadottir 及其同事还发现，在应激反应恢复期间，低体适能水平老年女性组比高体适能水平组的皮质醇含量高。因此，参与体育锻炼或体适能水平高可能可以帮助个体在应激源消失后，快速从应激反应中恢复过来。

第七节　锻炼和焦虑

由于现代生活节奏日益加快，人们感受到的各类压力也越来越大，焦虑已迅速升级为现代社会的普遍现象。美国健康和公共事业部在一份报告中认为，焦虑(anxiety)是“与担心、害怕类似的病理状态，表现为情绪、思维、行动和生理反应紊乱”。它至少具有以下几种特征：①对现有刺激威胁程度的主观感知和认识与现实不符；②采取认知或行为反应以避免焦虑症状的出现；③焦虑状态的持续时间长于唤醒状态的持续时间；④无现实威胁情况下，焦虑反应同样会发生，因为一个主观感知的威胁也可能引发焦虑。

一 焦虑概述

焦虑障碍(anxiety disorder)是情绪障碍(mental disorder)的一种,包括惊恐障碍(panic disorder),恐惧症(phobias),一般焦虑障碍(generalized anxiety disorder),强迫障碍(obsessive-compulsive disorder)和创伤后应激障碍(post-traumatic stress disorder)等。上述障碍如不及时接受治疗,将可能发展为抑郁(depression)。焦虑障碍和抑郁同时存在的现象也比较普遍。主观焦虑障碍的特征如表 4-3 所示。

表 4-3 主观焦虑障碍特征

惊恐障碍 • 伴随有心理和生理症状的强烈的惊恐和不适; • 强烈的逃跑愿望,并最终导致寻求紧急救护; • 经常伴有抑郁的主要症状; • 女性中的存在率高于男性两倍。
社交恐惧 • 社交,公众场合明显、持续的焦虑; • 在恐惧事件发生的几天前,几周前就出现焦虑; • 在女性身上更为普遍。
强迫障碍 • 强迫观念; • 主观感知缺乏控制,不得不按强迫观念或想法行事; • 强迫性冲动; • 伴随生活应激刺激,障碍起伏出现; • 在女性身上更为普遍。
一般焦虑障碍 • 担心持续超过 6 个月,并伴有肌肉紧张,注意力差等多种症状; • 焦虑和担心并非由于惊恐障碍或恐惧症引起; • 伴随生活应激刺激,障碍起伏出现; • 在女性身上更为普遍。

据 1999 年美国健康和公共事业部的报告结果,美国每年约有 16.4% 的成人患有各类焦虑障碍。因为个体寻找治疗及工作能力下降等原因而给国家经济发展带来的负担越来越大。去除无法直接测量到的个体不适,1990 年,美国因治疗各类焦虑障碍而使用的费用达到 420 亿美元,而这一数字到 1998

年就上升至630亿美元。学者们初步估计,这420亿美元的花费中,有31%左右用于精神心理治疗(例如,接受心理咨询,入院治疗等);54%用于非精神医学治疗(如,急救室治疗);10%为工作单位的非直接消费;剩余大约5%为处方及处理死亡相关费用(因焦虑而导致自杀)。而在10%的工作单位的相关消费中,近9成费用与工作效率下降而非缺勤有关。焦虑同时还是造成滥用物质(substance abuse)的因素之一,而这又增加了与治疗焦虑障碍相关的费用。

焦虑至少可以引发以下一种或几种生理和心理反应:①负性情绪;②自主神经系统被激活而表现出的身体反应症状(如,肌肉紧张);③认知变化(如,强迫观念);④行为变化(如,回避某些情景);⑤警惕性。

传统意义上对焦虑的治疗都采用药物和心理治疗手段,目前,有关锻炼对焦虑的预防和影响作用越来越受到学者的关注。

二　焦虑的测量

在介绍有关焦虑的测量方法之前,我们有必要了解一下状态焦虑(state anxiety)和特质焦虑(trait anxiety)的不同。所谓状态焦虑是指一种感受到紧张和自主神经活动加强的(如心率加快、手掌出汗、呼吸加速、肌肉紧张感加强等),明显的、短暂的情绪状态。因此在测量状态焦虑时,经常会问被试"此种情景下,此刻、此时的感觉如何?"相反,特质焦虑则反应的是个体在绝大多数情景下,通常所具有的紧张、担心和忧虑的倾向。例如,特质焦虑水平较高的个体通常表现为,无法安宁,缺乏自信,难于决策,对自己在多数场合的表现认为不适宜等。在对特质焦虑进行测量时,经常会问被试"通常的感受是什么?"。由于特质焦虑与人格结构中的神经质在概念上存在一定的类似性,因此有研究也使用人格量表中测量神经质部分的测验来测量特质焦虑。

在锻炼心理学领域,我们通常在长期锻炼计划结束后测量个体的特质焦虑水平;而在单次锻炼计划结束后测量个体的状态焦虑水平。

1.心理测量

目前使用较为广泛的自陈式心理测验有Spielberger的状态—特质焦虑问卷(State-Trait Anxiety Inventory, STAI)(见表4-4);McNair等人编制的《简明心境量表》中的紧张—焦虑分量表(参见本章第三节);以及多向感情形容词表(Multiple Affect Adjective Check List, MAACL)中的焦虑分量表等。

表 4-4 状态－特质焦虑问卷样题

	完全没有	有些	中等程度	完全如此
1.我感觉平静	1	2	3	4
2.我紧张	1	2	3	4
3.我感觉安逸	1	2	3	4
4.我目前正担心可能发生的不幸	1	2	3	4

注:此为状态焦虑部分。其中1,3,8,10为反向计分题,其余为正向计分题。所得分数越高,说明状态焦虑水平越高。

2.生理测量

由于焦虑经常会伴随肌肉紧张感增加等生理变化,因此也可以通过肌肉紧张程度、肌电等生理指标对焦虑状态进行反映。同样,还可以通过对心血管系统(如心率,血压的测量);皮电、皮温;中枢神经系统(如心电图的测量)的测量反映身体焦虑状态的变化。虽然焦虑也可以引发神经－内分泌系统的变化,如儿茶酚胺和皮质醇水平的上升等,但在锻炼心理学领域,上述方法使用的较少:一是因为指标收集、分析昂贵;二是因为锻炼心理学领域内相关早期研究成果较少。

三 锻炼和焦虑

1.锻炼对焦虑的预防作用

众多的前期研究结果表明,锻炼在预防焦虑方面具有一定的作用。1988年,Stephens对4个大样本人群(样本量由3025人至23791人)进行的横向研究结果表明,锻炼与良好的精神状态,较少的焦虑表现有关。2003年,Goodwin等人进行的类似研究中,有63%的被试(3707名)报告参与规律性的体育锻炼,而其余37%的研究参与者则报告"偶尔","很少"或"从不"锻炼。研究结果发现,坚持规律性锻炼的被试,其遇一般焦虑障碍、惊恐障碍、社会障碍等焦虑问题的可能性小。有趣的是,当锻炼减少时,被试报告焦虑障碍的频率也上升了。例如,坚持规律性锻炼的个体报告发生惊恐障碍的比例仅为3.32%;而偶尔参与锻炼个体报告发生惊恐障碍的比例是4.85%;很少参与锻炼个体的报告比例是7.33%;从不参与锻炼个体的报告比例则达到了8.52%。研究者认为,这些研究结果为规律性锻炼和降低各类焦虑障碍发生风险的可能性之间存在的潜在关系提供了证据。

另外,还有研究结果证实,体适能水平较高的个体相对于较低个体而言,更少经历焦虑状态。1991 年，Landers 和 Petruzzello 所进行的综述指出，参与锻炼不但提高了个体的体适能水平，同时还降低了特质焦虑的水平。研究结果显示，人格结构中紧张－焦虑分量表的得分在被试长期坚持体育锻炼后出现了下降。而且锻炼计划持续的时候越长，效果越好。

2. 锻炼和焦虑的关系

1991 年，Petruzzello 及其同事对超过 100 项检验锻炼－焦虑关系的研究进行了综述。这个综述其实包括了三方面主要内容：①单次锻炼与状态焦虑的关系；②长期规律锻炼与特质焦虑的关系；③使用心理生理测量方式对焦虑进行的研究。

有氧锻炼和焦虑　Petruzzello 等人在综述中指出，参与有氧锻炼后，个体的焦虑水平表现出了下降。重要的是，在不同的有氧锻炼项目间，并没有发现变化的一致性。状态焦虑水平的降低发生在单次锻炼任务后，而特质焦虑水平的降低则发生在长期规律性锻炼之后。值得一提的是，无论研究者采用自陈的方式（心理测验），还是生理测量的方式（如测量肌肉紧张程度、心率、血压、心电图等），个体在有氧锻炼后均表现出了焦虑水平的降低。

无氧锻炼和焦虑　相对于有氧锻炼可以降低个体的焦虑水平，Petruzzello 等人发现，无氧锻炼或是抗阻力的力量锻炼反而会导致焦虑水平的小幅上升。但也有研究结果表明，在抗阻力锻炼后，并没有一致性的出现状态焦虑下降的现象。1993 年，Raglin 等人指出，在进行了 30 分钟，70%～80%最大吸氧量单一重复最大强度抗阻力练习后，个体的焦虑水平短暂上升，但 20 分钟内又回复到了基线水平。1998 年 Bartholomew 等人的研究则发现，在个体进行 20 分钟主观认为"低强度"的抗阻力锻炼后，状态焦虑水平出现下降；但当个体进行主观认为"中等强度"或"高强度"的抗阻力锻炼后，状态焦虑水平则出现了上升现象。

单次锻炼和焦虑　在有关单次锻炼任务后，焦虑水平变化的研究中，研究结果显示，单次锻炼任务削弱焦虑的效果也是短暂的，大概持续至锻炼任务结束后的 2～4 小时内，随即回复至锻炼前的基线水平。有趣的是，在单次锻炼任务结束后，心理变化发生的同时还伴随着相应的生理变化，如锻炼后血压降低等。

第五章　社会因素对锻炼的影响

人最本质的属性是社会属性。作为构成社会的主体,人不但影响着社会,同时也受到社会方方面面因素的影响。在锻炼心理学领域,锻炼心理学家关注社会对锻炼和其他体力活动产生了怎样的影响?同时,还关心在何种条件下,社会对锻炼和体力活动产生的影响最显著?明确以上两个问题,对合理制定行为干预策略,有效提高人们的锻炼参与率和坚持性具有一定的积极作用。

第一节　锻炼和社会支持

社会支持(social support)这一概念在社会学领域内是一个相对较新的概念,它出现在20世纪70年代左右。直到目前,国际上也没有一个关于社会支持的统一的概念。作为一种异常复杂的社会现象,有学者在定义社会支持时强调信息(imformation)的作用。Cobb认为社会支持是,导致个体感受到被关怀、被爱、被尊重、有价值的、归属于一个互惠网络的信息。有学者则强调情绪(emotion)的作用,Cassel定义社会支持为,社会支持反映的是个体对最基本需要的满足程度。还有学者将社会支持看作为一个过程(process),Vaux建议,社会支持是在一个特定的社会背景下,个体间相互作用、影响的一个动态过程。另有学者则强调了社会支持网络的概念。依据这一观点,个体是一个社会集合的焦点,不同的网络可以具有不同的结构(如网络规模、大小、网络数量),不同的关联性质(如关联的频率、强度等),不同的功能(如工具性支持、情绪性支持等)。

或许Vaux的描述可以充分显示社会支持这一概念的复杂性。作为一个复合型概念,它包括:①归属、联结、结合等概念;②对团体、关系或个体的态度;③具有社会的、行为的和情感的人际交流过程。

一 社会支持和社会网络分类

第二个显示社会支持复杂程度的表现是众多类似概念的混用。1992 年，Laireiter 和 Baumann 建议对与社会支持类似的概念进行如下分类：

其一，社会同化(social integration)，代表个体参与和溶入家庭生活、社会生活等的程度，以及接近社会资源和支持系统的通路。

其二，支持网络(support networks)，强调个体社会网络的功能层面。即，个体会向谁寻求支持？寻求何种支持？谁是个体潜在的支持者，谁又是个体实在的支持者？支持网络代表了个体可利用支持资源的集合。

其三，支持性环境(supportive environments)，代表了社会关系和系统的品质。例如，家庭是否和睦？家庭内发生冲突的频率如何等。因此，和睦、和谐的家庭、工作团体和朋友关系被认为对个体的支持程度最显著。

社会支持始终在给予支持(enacted support)和接受支持(received support)两者之间转换。如果将社会支持看作为一个过程，那么，此过程中必定包含两个个体。其中之一扮演给予支持的角色的话，那么，另一方就是接受支持的角色。社会支持还包括一个成分，即主观感知支持(perceived support)，表示个体对支持的认知评价。获得了社会支持并不等同于感知到了社会支持。例如，个体 A 或许从包括家庭、朋友、同事等的人际网络中接收到了支持和鼓励，但他(她)仍可能主观认为自己是社会孤立的，或是被社会抛弃遗忘的。

依据 1992 年 Laireiter 和 Baumann 的假设，上述相关概念处在一个多级的模型中(见图 5-1)，社会同化是一个范围最广、最基础的范畴。如果没有社会同化就不可能存在社会支持网络，支持性环境，以及社会支持的给予、接受和主观感知。而社会支持网络是支持性环境，社会支持的给予、接受和被主观感知的必要前提条件。

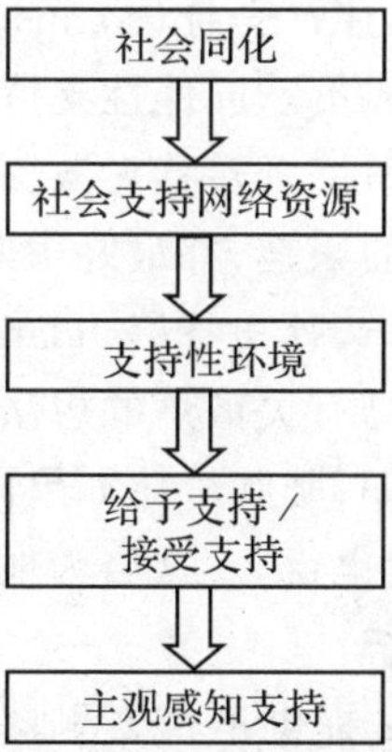

图 5-1 社会支持关系图

二 社会支持的测量

在锻炼心理学领域，我们一般采用两种方式或手段去反映社会支持。一是通过测量社会支持网络大小(size of social network)的方式；二是通过测量接受社会支持的数量(amount of support)和类型(type of support)的方式。

在一些锻炼心理学的研究中,社会支持被操作定义为个体拥有的社会网络的大小,即个体所拥有社会关系数量的多少。如果社会支持被从这个角度定义,那么,我们将测量锻炼者可寻求帮助的个体和团体的数量。但这一方式并没有考虑到所提供社会支持的质量和类型。锻炼者可能存在大量的社会联系,但这并不意味着他们受到了足够合适和有效的支持。

对社会支持的另一种操作定义方法,是评价锻炼者主观感知到的特定支持类型。2000 年,Wills 和 Shinar 认为存在以下五种主要的社会支持类型,他们分别具有不同的功能。

(1)工具性支持(instrumental support) 包括提供帮助个体实现锻炼目标的切实、可行的支持。如,开车送伙伴去健身俱乐部,在朋友锻炼期间帮助她照看孩子等等。

(2)情感性支持(emotional support) 通过向个体表达鼓励、关心、理解、照顾等情感而实现支持。如,赞扬锻炼者在锻炼过程中付出的努力;当他(她)锻炼后出现肌肉酸痛和负性情绪性,表示理解和同情等。

(3)信息性支持(informational support) 给个体提供锻炼的指导、建议,并就锻炼进程提供反馈等。专业健身教练或保健专家是提供锻炼指导和建议等专业性信息支持的来源,而家庭、朋友等则是提供锻炼经历分享和技巧分享等非专业性信息支持的来源。

(4)同伴性支持(companionship support) 可以共同锻炼的家庭成员、朋友或团队成员。同伴性支持不但可以为锻炼者创造积极的情感状态,同时还可以帮助锻炼者转移对锻炼的负性情绪(如疲劳、酸痛、无聊等),而不至于失去对锻炼的兴趣,并最终中断锻炼。

(5)确认性支持(validation) 将自己同他人进行比较,以判断锻炼进度,并确认自己有关锻炼的想法、情感反应、经历和所出现的问题是正常的或可接受的。例如,肥胖个体如果同类似群体一起参与锻炼,他们会觉得“如果他们能做到,我也行”。这会为他们提供一种“我不是单兵作战”,或“我可以坚持锻炼”的感觉。

图 5-2 提供了相关测验的样题。

	朋友 1 2 3 4 从不 经常	家庭成员 1 2 3 4 从不 经常	健康/体适能专家 1 2 3 4 从不 经常
同伴性支持			
• 和他人一起制定锻炼计划吗？			
• 和他人一起参与锻炼吗？			
信息性支持			
• 向你说明为什么锻炼对促进健康异常重要吗？			
• 向你阐明通过锻炼如何实现健康目标吗？			
情感性支持			
• 赞扬你掌握了锻炼技能吗？			
• 肯定你的锻炼水平高于同龄其他人吗？			

图 5-2　有关社会支持类型和数量的测验样题

1996 年，Carron 等人则认为，可以从三方面对社会支持进行测量：①测量个体社会支持网络资源的多少和密集程度。既可以进行总体测量（如，适宜提供支持的总人数），也可以进行特定情景下的测量（如，适宜提供财物支持的人数）。②测量个体对支持的评价，如支持令人满意否，有效否或是有用否。通常情况下，对支持的评价主要集中在对 6 种重要的社会性需要的评价上，即：情感性（attachment），社会同化（social integration），培养机会（opportunity for nurturance），确信价值（reassurance of worth），可信联系（reliable alliance）和获得指导（obtaining of guidance）（见表 5-1）。③测量支持行为，如他人提供支持行为的频率和可能性。

表 5-1　不同社会支持测量方式的差别

方　式	概　念	可能存在测量方法
社会支持网络资源	适宜提供支持的资源数量	• 网络的大小 • 网络的密集程度
支持评价	支持是否令人满意，有效或有用	• 情感性：情感支持 • 社会同化：网络支持 • 培养机会：因获得支持而增强自我价值的机会 • 确信价值：尊重支持 • 可信联系：切实帮助 • 指导：信息支持
支持行为	支持行为发生的频率和可能性	• 财物支持 • 实践支持 • 情感支持 • 指导或建议 • 积极社会交往

虽然上述三种测量方式在对社会支持表现进行反应时存在一定的相似性,但其实它们还是有细微区别的。因此,可以依据研究目的选择不同的测量方式对社会支持情况进行反映。如果研究者对个体所获社会支持满意与否感兴趣,测量个体对支持的评价即可。

三　锻炼和社会支持

1.社会支持网络大小、数量、类型与锻炼

1988 年,Hibbard 的研究发现,那些拥有更多支持资源的个体在体育锻炼中表现得也更努力。2003 年,Giles-Corti 和 Donovan 的研究则表明,和重要或亲近同伴一起锻炼的个体,更容易达到建议的锻炼水平。1999 年,Leslie 等人在以 3000 多名澳大利亚大学生为对象进行的研究中证实,在那些被归属为低社会支持组(同伴性支持和情感性支持低)的大学生中,有 50% 女生和 60% 男生为促进健康而进行充分的体育锻炼;而被归属为高社会支持组的大学生中,这一比例分别是 65% 和 80%。

在另一项研究中,Duncan 等人对参与 18 周锻炼计划的中老年人主观感知的社会支持类型进行了测量,并且检验了每种社会支持类型与锻炼坚持性之间的关系。研究结果发现,随着主观感知到的情感性社会支持的增加,个体参与锻炼的坚持性也增强了。相比之下,高工具性社会支持却没有和高锻炼坚持性相关。研究者还指出,不同类型社会支持与锻炼坚持性之间的关系在研究的不同阶段出现了起伏现象。例如,相对于锻炼计划的开始阶段,情感性社会支持与锻炼坚持性之间的相关程度比锻炼计划的结束阶段表现得更为紧密。可能由于锻炼者在不同锻炼阶段的心理需要和应对能力有所不同,因此,对社会支持的需求也有所不同。

在有限的,检验不同社会支持类型与锻炼关系的研究中,我们似乎可以总结出,最有效的社会支持类型有赖于不同时期锻炼者的不同需要。这些需要可能因为锻炼者想法和情绪的变化(如锻炼者自我效能感和心境的变化)而发生变化;也可能因为锻炼者生理、物理因素的变化(如疼痛,障碍等)而发生变化。甚至发展的因素也会导致社会支持需要的不同,因为孩子对社会支持的需要(如,前往参与锻炼时交通手段方面的工具性社会支持)可以与成年的需要(如,如何开始锻炼的信息性社会支持)完全不同。有研究结果显示,性别同样与锻炼者社会支持的不同需要有关。相对于男性而言,情感性社会支持对女性的锻炼行为更重要。

2. 个人/团体性社会支持与锻炼

1996 年，Carron 等人使用元分析对 87 项有关社会支持与锻炼行为关系的研究进行了总结分析。研究者将提供社会支持的人群分为四类，即家庭（如配偶，孩子），具有重要影响作用的他人（如非家庭成员的朋友、同事或医生等），锻炼领域内的专业人士或体适能教练，最后是其他的锻炼参与者。不同形式社会支持对锻炼行为影响的效果量如表 5-2 所示。所有的效果量均在小到中等程度变化，表明个人/团体性质的社会支持对锻炼行为的不同方面产生了不可忽视的影响。

表 5-2　不同形式社会支持对锻炼行为的影响

变　量	效果量	综述的研究数量
具有重要影响作用的他人对		
• 锻炼坚持性的影响	0.44	21
• 锻炼意图的影响	0.44	6
• 锻炼态度和满意度的影响	0.63	5
家庭成员对		
• 锻炼坚持性的影响	0.36	53
• 锻炼意图的影响	0.49	27
• 锻炼自我效能的影响	0.40	3
其他锻炼参与者对		
• 锻炼坚持性的影响	0.32	22
专业人士对		
• 锻炼坚持性的影响	0.31	9

首先，家庭支持和锻炼。

配偶支持和锻炼　成年人中，配偶对另一方锻炼行为的支持所显示出的积极影响作用得到了一致地证实。1995 年，Wallace 等人的研究显示，与配偶一同参与锻炼的成年个体，其锻炼参与率要显著高于不和配偶一起参与锻炼的个体；同时，其锻炼退出率却显著低于不和配偶一起参与锻炼的个体。1985 年，Erling 等人在对参与心脏病康复锻炼计划个体的锻炼顺从行为和退出率之间关系进行研究时发现，大约有 48% 的个体在参与康复锻炼计划最初的 6 个月中退出了。然而，当研究者将康复锻炼计划向心脏病患者的配偶开放，邀请他们的丈夫或妻子一同来康复锻炼中心时，有趣的现象发生了。6 个月后，那些同配偶一起参与康复锻炼的个体，其退出率垂直下降到了 10%；而那些没有配偶陪伴一起参与康复锻炼个体的退出率却为33%。两组康复锻炼参与者在退出率方面显示出的巨大差异,可能是因为与配偶一同参与康复锻炼的心脏病患者获得了更多的情感性和同伴性社会支持。

父母支持和锻炼 对于儿童和青少年而言,来自父母或其他家庭成员的社会支持被证明是影响他们参与各类体力活动(如竞技性/休闲性运动,有组织的锻炼或休闲活动)的重要决定因素。父母因可以提供各种不同类型的社会支持,而对儿童和青少年体力活动水平有着重要的影响作用。例如,父母可以提供组织体力活动,交通工具和锻炼设备等工具性社会支持;可以提供鼓励、奖励等情感性社会支持;可以提供如何进行体育锻炼的信息性社会支持;还可以提供一起参与锻炼的同伴性社会支持。有研究还表明,积极参与锻炼的父母因其对孩子的榜样作用,甚至可以为孩子提供确认性社会支持,并可能终生影响孩子的锻炼模式和锻炼观念的形成。

有趣的是,父亲和母亲可以为孩子提供不同的社会支持。2003年,Davison等人的研究发现,母亲比父亲提供更多的工具性社会支持;而父亲比母亲提供更多的确认性支持。父母高水平的社会支持与女儿高水平的体力活动有关。1999年,Sallis及其同事对1500名父母及其4~12年级孩子的调查研究结果表明,父母的支持是预测各年级男孩、女孩体力活动水平的最强有力的因素。

第二,相关专业人士的支持和锻炼。

锻炼领域内的相关专业人士,保健类医生及相关专业人员被证明是可以为有锻炼愿望个体提供强大信息性支持的个体/团体。1997年,Booth等人在对2300多名不参与锻炼的澳大利亚人进行的一项调查研究中发现,当研究者询问被试,他们最希望选择的,可以为使他们运动起来而提供建议的来源是什么时。被试大多希望从健康专业人士或医生处获得建议,而没有选择通过书籍、影碟及其他参与锻炼的个体处获得建议。在加拿大进行的一项类似研究也表明,有超过四分之一的被试希望从健康专业人士处获得如何进行体育锻炼的建议。

有一个问题值得我们关注。那就是,虽然越来越多的健康专业人士或是保健医生开始和寻诊者讨论体育锻炼对促进健康的积极作用,但锻炼毕竟不是会对疾病迅速产生影响效果的治疗手段。同时,由于健康专业人士锻炼专门领域相关知识的匮乏,决定了他们不可能为寻诊者提供高质量的锻炼咨询或锻炼处方。不断推进不同学科的交叉与融合或许是解决上述问题的有效途径之一。

第三，锻炼相关专业人士和锻炼。

锻炼课指导或其他体适能教练、健身教练等锻炼相关专业人士也可以为参与者提供强有力的社会支持。事实上，体适能教练是帮助个体持续参与锻炼计划的最重要的决定因素之一。这主要是因为，体适能教练有能力为锻炼参与者提供多种社会支持。例如，提供参与何种锻炼及如何进行锻炼的信息性支持；提供鼓励、赞扬等的情感性支持；提供有组织性健身课、有效使用健身器材、设备等的工具性支持；提供同伴性支持等。

1998 年 Jeffery 等人以肥胖男性和女性为对象，进行的一项体适能健身教练提供的社会支持对其锻炼行为影响的研究表明：由体适能健身教练制定锻炼计划，每次锻炼前打电话提醒，并且锻炼期间全程接受陪同的被试组，在 18 个月锻炼计划结束时，其参与锻炼计划的次数是非陪同组被试的两倍多。

第二节　锻炼的团体效应

在锻炼心理学领域，当检验是什么力量将个体聚集在一起时，我们通常会关注锻炼团体的凝聚力问题。如同其他的活动团体一样，锻炼团体也是因为任务的和社会的因素而聚集到一起的。越来越多的研究结果显示，锻炼团体的不同性质与促进或影响锻炼相关思想、情绪反应和行为有关。下面我们就锻炼团体的团体凝聚力、团体大小和团体构成三方面特征与锻炼行为的关系一一进行介绍。

一　团体凝聚力概述

团体凝聚力(group cohesion)是反映团体的凝聚趋势，为团体实现工具性目标，并满足团体成员的情感需要的一种动态过程。这种过程反映团体组成成员愿意留在团体中，并保持团结的趋势。依据 1985 年 Carron 等人提出的模型，凝聚力由两个不同水平的四个独立维度构成(见图 5-3)。第一个水平是个体/团体基础的凝聚力，分为个人从属团体凝聚力(individual-to-group cohesion)和团体整合凝聚力(group-as-a-unit cohesion)。前者包括归属感、成员价值观和对团体的主观感知乐趣；而后者则包括团队合作和人际接近程度。以个体为基础的凝聚力由“我”、“我自己”体现(如，我喜欢我在这个班里进行的体育锻炼)；而以团体为基础的凝聚力由“我们”、“我们自己”来体现(如，我们都喜欢我们在这个班里进行的体育锻炼)。

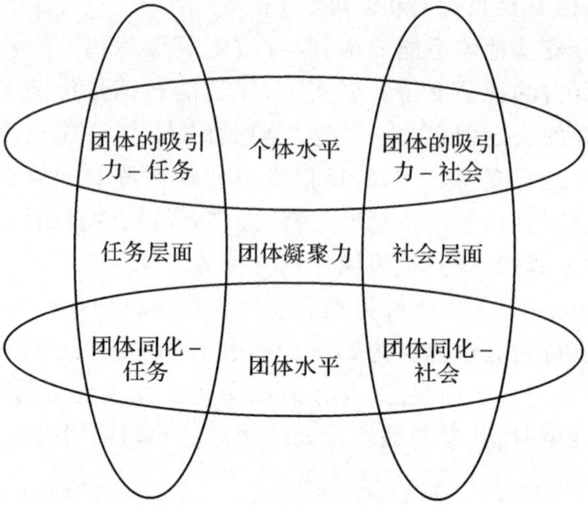

图 5-3　团体凝聚力模型

团体凝聚力的第二个水平是指团体的任务层面和社会层面的特征。也就是说,团体中的个体或整个团体共同努力达成共同目标的程度(如与完成一项任务、与生产率、与体育表现有关的活动)和团队内人际相互吸引的程度(如与发展和维持社会关系有关的活动)。参与体育锻炼最典型的社会目标是发展人际关系;而最典型的任务目标则是提高对锻炼的兴趣。

基于上述两个不同水平,组成了团体凝聚力的四个不同维度,即,团体对个体的吸引力—任务(attraction to group-task, ATG-T),团体对个体的吸引力—社会(attraction to group-social, ATG-S);以及社会同化—任务(group integration-task, GI-T),社会同化—社会(group integration-social, GI-S)。模型假设,个体能够感受到某一特定体力活动对其的吸引力(团体对个体的吸引力—任务),以及参加此体力活动某一特定人群对其的吸引力(团体对个体的吸引力—社会)。同时,个体还可能认为整个体力活动团体是彼此交流并实现锻炼目的(社会同化—任务)或社会化(社会同化—社会)的载体。

二　团体凝聚力的测量

《团体环境问卷》(The Group Environment Questionnaire, GEQ)和《体力活动团体环境问卷》(The Physical Activity Group Environment Questionnaire, PAGEQ)(见图 5-4)是在锻炼心理学领域内最常用的测量团体凝聚力的工具。两个问卷都是用来评价团体的任务和社会性层面特征对个体的吸引程度;以及依据团体的任务相关和社会相关活动，团体成员对其集体性的主观认识的。

	1 2 3 4 5 6 7 8 9 完全不同意　　　完全同意
1. 我们锻炼团体的成员在锻炼过程中都是合群的。	
2. 我们的团体因为对这个锻炼计划给我们带来的收益达成了共识而聚集在一起。	
3. 我们锻炼团体的成员即使在锻炼计划结束后，仍愿意花时间在一起。	

图 5-4　体力活动团体环境问卷样题

三　锻炼和团体凝聚力

1. 锻炼坚持性和团体凝聚力

具有团体凝聚力的锻炼团体比不具备此凝聚力的团体更能够激发锻炼者长期坚持体育锻炼。1993 年，Spink 和 Carron 等人在以大学生为对象进行的一系列研究中发现，在团体对个体的吸引力—任务，即 ATG-T 维度上得分高的大学生体育课参与率最高，而退出锻炼课的比例则最低。另外，ATG-T 维度是唯一能够区分坚持锻炼个体和退出个体的因素。系列研究并未发现在其他三个维度上得分不同的个体在锻炼的坚持性和退出表现上存在差异。与此相反，1993 年，Spink 和 Carron 在以私人健身俱乐部成员为对象进行的研究中却发现，ATG-S(团体对个体的吸引力 - 社会)和 GI-S(社会同化—社会)两个维度是区分锻炼坚持者和退出者的因素。而这两类人群在与任务有关的两个维度，即 ATG-T 和 GI-T 的得分上不存在差异。因此，在以大学学生为基础的锻炼计划中，任务凝聚力维度比社会凝聚力维度扮演着更重要的角色；而在以私人健身俱乐部参与者为基础的锻炼计划中，却是社会凝聚力维度比任务凝聚力维度更重要。这个不同可能正反映了两类人群参与体育锻炼动机的不同。私人健身俱乐部锻炼计划参与者更注重锻炼给他们带来的结识新朋友和实现社会化的机会。

不同类型的凝聚力在不同锻炼条件下的重要程度也有所不同。Carron 等人曾指出，任务凝聚力可能比表 5-2 中的其他因素对锻炼坚持性的影响更大。他们对 6 项不同研究中，任务凝聚力对锻炼坚持性影响效果量的计算结果为 0.62，大于表 5-2 中的任何一个效果量。而当他们计算 4 项研究中，社会凝聚力对锻炼坚持性影响效果量时，计算结果是 0.25。这些结果提示我们，在制定影响锻炼者锻炼坚持性的干预计划时，要更加注重团体任务凝聚力的培养。

2.锻炼认知和团体凝聚力

在锻炼心理学领域，有研究表明，对团体凝聚力的感知和对锻炼的认知（如对锻炼的态度、自我效能、意图等）间存在着积极的联系。1988 年，Brawley 等人发现，对社会同化—任务认识的不同，显著地将认为班级具有强抵御破坏性事件消极影响能力的锻炼参与者和不具有或是略微具有此想法的锻炼参与者区别开来。1999 年，Estabrooks 和 Carron 检验了个体主观控制感和 ATG-T、ATG-S 之间的关系。在这个研究中，主观控制感是以计划行为理论中主观行为控制概念的形式进行评价的（参见第二章第二节）。研究者在针对老年人的锻炼计划实施的第一周即对团体凝聚力和主观控制感进行了评价，结果发现，只有 ATG-T 维度与主观控制感呈正相关。

2000 年，Estabrooks 和 Carron 再次对团体凝聚力与主观控制感之间的关系进行了研究，并试图回答以下两个问题：(1)在预测性研究设计下，团体凝聚力能够预测主观控制感吗？(2)加入 GI-T，能够预测主观控制感吗？为了回答上述问题，研究者在锻炼计划实施的第一个星期即对团体凝聚力模型中与任务有关的两个维度——ATG-T 和 GI-T 进行了评价。随后，在锻炼计划实施中期对主观控制感（此次以自我效能理论中计划自我效能概念的形式对主观控制感进行了评价）进行了评价。研究结果显示，ATG-T 和 GI-T 均积极地预测了主观控制感。

从上述研究结果中我们可以总结出：①任务凝聚力与个体主观控制之间存在着一致关系；②为了培养锻炼计划参与者对团体任务的吸引力和对通过任务实现社会同化的认同，应为参与者提供机会，以提高他们锻炼参与的主观控制感。

3.锻炼的情感反应和团体凝聚力

从 1995 年开始，研究者渐渐开始关注锻炼团体凝聚力对情感反应的影响作用。1995 年，Courneya 在其研究中假设，高团体凝聚力认知感与锻炼课中的积极情绪反应有关。来自不同有氧锻炼班的志愿者在锻炼计划实施的最初 3 周内接受了团体凝聚力的测试，而对他们情感反应的测试则在 8 周锻炼计划结束后进行。研究结果部分支持了 Courneya 的研究假设，因为 GI-S 被发现与被试的情感反应无关。

随后的两个研究支持了有关高团体凝聚力认知感与锻炼课中的积极情绪反应有关的假设。1995 年，Courneya 和 McAuley 检验了团体凝聚力和个体参与锻炼态度间的关系。研究者在以大学体适能设施为基础进行的锻炼计划实施过程中，四次测试了被试在团体凝聚力和态度上的得分。研究结果显示，团体凝聚力的每一维度均与态度间呈正相关关系，而关系最为显著的是团体对个体的吸引力—任务和态度间的关系。1999 年，Estabrooks 和 Carron 在以老年人为对象进行的研究中发现，团体凝聚力个体水平上的两个维度均与态度间存在正相关关系，而团体对个体的吸引力—社会则与态度的关系最为显著。

尽管团体凝聚力与锻炼态度和情感反应之间存在着一致的正相关关系，但是在不同对象身上，凝聚力不同维度的表现有所不同。

四　锻炼和团体大小

随着锻炼团体人数的增加，团体凝聚感和对锻炼经历的满意感会随之下降。这大概是因为，庞大的锻炼团体会导致拥挤感和彼此接触机会的减少。因此，锻炼的乐趣和凝聚感也减少了。锻炼团体的大小同样会影响到教练、指导人员的情绪反应。1989 年，Prossin 等人在其研究中，让健身教练使用同样的程序、音乐、指导内容和指导热情分别教授大班（150～200 名学员）、中班（50～80 名学员）和小班（20～30 名学员）。在锻炼课结束时，锻炼参与者分别对教练的模范代表作用、魅力程度、使用反馈的情况，以及其教学风格进行了评价。研究结果显示，尽管体适能监督委员会的成员均确认，针对不同规模班级进行指导时，健身教练的行为的确一致。但相对于大班和小班，中班健身课的参与者普遍认为健身教练的作用发挥的不够完美。

为了进一步解释锻炼课班级大小和锻炼参与者对健身指导教练评价之间的曲线关系，1990 年，Carron 指出，相对于健身指导教练本身和锻炼参与者而言，他们在大班和小班中的指导角色是异常清晰的。在大班中，锻炼参与者期望指导者使用团体导向的指导方法（group-oriented approach）（如指导者强调团体是一个整体，而非强化个人在其中的作用），而这的确也是大部分健身指导者在大班教学过程中使用的方法。在小班中，锻炼参与者期望，通常情况下也获得了更为个人导向的指导方法（individual-oriented approach）（如指导者强调团体中个体的作用）。但在中班中，很难明确到底是团体导向的指导方法好，还是个人导向的指导方法好？因此，在锻炼参与者期望的指导方法和指导者实际使用的方法之间可能存在差异，而这种差异就可能最终导致锻炼参与者对指导者的不满。另外，指导者本身也可能不确定，面对中等大小的班级时应该使用何种指导方式，而这种迟疑和方法使用的不确定性也可能会导致锻炼课参与者的不满。

五　锻炼和团体的构成

相对于团体凝聚力、团体大小和锻炼关系的研究，有关团体构成对锻炼意图、情绪和行为影响的研究还不多见。虽然如此，还是有一些证据显示，不同特征人群构成的锻炼团体能够影响锻炼反应。

1.性别构成

一个锻炼团体的性别构成可能影响到团体成员锻炼过程中的舒适程度。参与心脏康复锻炼计划的女性表示，如果锻炼课以男性为主，则会让她们感觉不适和奇怪。现在在西方的某些医院中，已经开始为女性心脏病康复者设置单独的锻炼康复计划。同样，在许多私人健身俱乐部当中，也有专门为女性提供的健身计划。目前还没有研究显示，男性如果参与以女性为主的锻炼课(如健美操课)时，他们的不适程度是多少？

2.团体成员的相似性

是否当个体感觉自己同其他锻炼团体成员相似时，可能影响他(她)参与锻炼的舒适程度和动机水平呢？肥胖人群就表示，他们希望同类似人群一起参与锻炼。而当他们被要求与正常人群一起锻炼时，其锻炼的坚持性就大打折扣了。同样，个体可能也希望和与自己能力相当的人群一起锻炼。当感觉自己的能力过低时，将会大大影响锻炼者的自信心和锻炼的动机水平。

3.团体成员的积极性

锻炼团体成员的积极性水平将影响参与锻炼个体的锻炼反应。2000 年，Fox 等人将从未参加过有氧台阶锻炼的个体分别与由锻炼积极性高、具有鼓励性和善于社交个体组成的锻炼团体和非如此团体分配到一起。毫无疑问，锻炼课结束后，相对于控制组而言，实验组个体表现出了更高的锻炼兴趣及更强烈的未来锻炼意图。

第三节　锻炼和社会环境

如果人们具有可以使其轻松运动起来的环境，他们就会开始运动吗？这个问题的答案一直是锻炼心理学领域内的专家关注的问题。但目前，有关促进锻炼行为环境的相关研究还处在初步探索阶段。1985 年，Dishman 及其同事对体力活动的一般决定因素进行了综述。他们将决定因素分为两类，一类是个体特征，另一类是环境影响。天气状况，离锻炼设施的距离，时间压力等被考虑进了环境影响因素的范畴。目前,环境因素对锻炼行为影响的相关研究主要集中在以下四个方面:①气候变化与锻炼行为关系的研究;②检验环境提示(environmental prompts)对锻炼参与行为影响作用的研究;③主观感知锻炼资源的可利用性与锻炼行为间关系的研究;④现实锻炼资源的可利用性与锻炼行为间关系的研究。

一 锻炼和气候变化

气候或许是对锻炼参与行为产生最重要潜在影响的环境因素之一。过冷、过热或是过于潮湿的天气都与锻炼活动的减少有关。在有关青年人和老年人锻炼障碍的系列研究中,被试均突出了恶劣天气对锻炼行为的抑制作用。同样,雨、雪天气也能减少和限制人们的活动性,进而影响锻炼行为。

有些研究设计过分关注锻炼行为在不同时间段内的变化。例如,一项旨在促进锻炼行为的干预研究,如果在寒冷的冬天对被试的基线锻炼水平进行测量,而在温暖的春天对其再次进行测量的话,那么,结果显然是好的,被试会显示出锻炼水平的提高。这种研究设计强调了锻炼行为会因气候的变化而发生变化。

目前,还有少数的研究检验了一年内锻炼行为的变化。这类研究强调,随着季节温度的变化,锻炼行为与天气间的关系表现出了怎样的特征。例如,1994 年,Stephens 等人的研究表明,在气温温和季节的澳大利亚,只有游泳随着季节的变化发生了变化,而其他形式的锻炼行为则没有出现变动。与此相反,在加拿大和苏格兰收集的资料却显示,随着季节的转换,锻炼行为发生了广泛的变化。在 6 月、7 月和 8 月,散步和骑自行车的人最多,而在 11 月、12 月和 1 月、2 月,这一数字却降到了最低。

二 锻炼和环境提示

1985 年,Brownell 等人对个体所处环境可能对其锻炼行为的影响进行了研究。为了增加人们在购物中心、火车站和汽车交通枢纽等地的楼梯使用量,研究者对上述环境进行了简单的处理。在上述三种环境中,楼梯和电梯都是毗邻的。在研究正式开始之前,研究者了解了个体在通常情况下使用楼梯和电梯的情况。为了使收集到的有关楼梯、电梯使用率的资料准确、可靠,研究者对每一个环境两个高峰时间点(购物中心为上午 11:00 至下午 1:00;火车站为上午 7:30 至 9:30;汽车站为下午 3:30 至 5:30)的楼梯、电梯使用情况进行了监督。

对环境进行的处理则是在每一地点张贴了海报。海报分别展示了一个没精打采的笨重心脏使用电梯和一个健康结实的心脏正在爬楼梯的情景。在基线水平调查和实施环境处理之后，大约有 21000 多名观察者进入了研究者的视野。经过环境处理后，研究结果显示，人们使用楼梯的比例由 13% 上升到了 16%。有趣的是，研究者还发现，行为干预措施对高加索白种人和对非洲裔黑人的影响显著不同。尽管这两组人群在使用楼梯的基线水平上不存在差异，但在行为干预措施实施后，非洲裔黑人对楼梯的使用率减低至白种人以下。尽管男性和女性在楼梯使用率的基线水平上存在差异(男性为 7%，女性为 5%)，但在接受行为干预后，两者均出现了明显的上升(男性为 15%，女性为 13%)。该研究最重要的一个发现或许是，肥胖个体在接受环境处理后，其对楼梯的使用率由 1.5%上升了四倍，发展到了 6.7%。

1980 年，在 Brownell 等人的第二个研究中，研究者检验了环境处理对楼梯使用的持续效应。他们在使用月票的人们通常经过的火车站，收集了一周内人们使用楼梯的频率作为基线水平。这次，研究者分别在电梯和楼梯边将海报贴置了两周。在两周时间内，人们的平均楼梯使用率由 11%上升到了 18%。随后，研究者揭除了海报，并对楼梯使用的持续效应进行了评价。研究结果显示，在海报揭除一个月后，楼梯的使用率下降至 15%；三个月后，楼梯的使用率又恢复到了基线水平。

为了检验 Brownell 等人的研究发现是否可以应用于传统的锻炼环境，1996 年 Estabrooks 等人使用相同的环境提示，在大学健身中心进行了类似的研究。锻炼参与者被随机分成了控制组、实验组和无效安慰组(placebo)/无效对照组。实验组的个体拿到了免费赠送的，试图提示他们参与锻炼的钥匙链。钥匙链由塑料制成，白色背景下写着红色的“EXERCISE(锻炼)”字样。研究结果显示，这一环境提示对被试的锻炼参与率并没有产生影响。研究者还发现，被试的确使用钥匙链，并且时常看钥匙链，这一提示的确让被试想到应该参与锻炼。但不幸的是，提示却不是一个足够强有力的激发被试锻炼参与率的线索。研究者认为，一个小小的线索可能可以有效地改变个体的锻炼生活方式，但却无法有效地影响在特定环境下与个体锻炼行为有关的复杂行动。

三　锻炼和主观感知锻炼资源的可利用性

1997年，Sallis等人建议，接近锻炼资源的可行性途径可以通过确定不同行为背景（如家里、休闲中心、健身俱乐部、公园、自行车道、学校运动场等）和比较上述每种背景下锻炼资源的可行性途径，以及感知到的促进和阻碍锻炼行为的程度来实现。并以一组大学生为研究被试，对其家庭和周围环境进行了评估。对家庭环境的评估通过可利用的锻炼器材的数量和配备来实现；对周围环境的评估则通过三个完全不同的水平来实现：①周围环境的特征，如是否有人行道、小山或可享受的幽雅环境等等；②周围环境的主观感知安全性；③周围环境的属性，如纯居住性小区，居住小区与商业区混合性区域，还是商业区为主的区域等。研究被试同时还要求报告了最方便使用的锻炼器材是什么，以及使用这些器材最常使用的途径（如，在从学校去工作地点的路上）。最后，锻炼行为依据力量练习、高强度锻炼、散步的频率和持续时间进行了测量。

研究结果显示，周围环境没有与任何锻炼行为的测量结果相关。然而使用锻炼器材的便利性与高强度锻炼行为的增加呈现正相关。有趣的是，家庭环境的情况与高强度锻炼和力量练习均呈正相关关系。由于家庭所拥有锻炼器材的情况与其社会经济水平有关。因此，社会经济水平较低的被试获得家庭式锻炼器材的可能性较小。

有关主观感知可利用锻炼资源或途径的研究，大多以大学生或年轻人为研究对象。事实上，对锻炼资源具有极大需求的老年人更加依赖这些资源的可利用性。2000年，Booth等人在其研究中检验了澳大利亚60岁以上老年人对环境的主观感知和锻炼行为间的关系。研究者对449名老年人进行了访谈，并通过询问老年人在家中所拥有的锻炼器材情况，白天在周围环境进行锻炼时的安全性，以及利用当地锻炼场所、休闲中心、自行车道和游泳馆的情况等，对其主观感知到的锻炼资源的可利用性进行了评价。对锻炼行为的评价则通过被试对其前两周进行的高强度或中等强度体力活动情况的回忆来实现。

上述Sallis等人以大学生为对象进行的研究中，锻炼充分组大学生和非充分组大学生在家庭锻炼设备的可利用性方面并不存在差异。而锻炼充分组的老年人和非充分组的老年人却存在一系列的不同。锻炼充分的老年人主观认为，他们拥有更多的使用休闲中心、游泳馆或健身器材的途径。另外锻炼充分的老年人还倾向于主观认为周围环境很安全。Booth等人还发现，只有当地公园的可利用性和人行道的安全性两个环境因素可以预测老年人的锻炼行为。

有关主观感知环境和锻炼行为之间的关系还远未明晰。一些研究结果显示两者之间存在正相关关系，还有一些研究结果却显示两者之间不存在关系。上述研究结果向我们提示，两者之间的关系可能受到年龄等因素的影响。对于年轻人而言，家庭锻炼器材的可利用性似乎对其锻炼行为存在显著的影响作用；而对于老年人而言，社区公园的可利用性和周围环境的安全性可能更重要。

四 锻炼和现实锻炼资源的可利用性

个体对周围环境的主观感知和环境的实际状况之间可以存在一定的差距。例如，你认为周围的人行道在晚间比较安全，但你的朋友可能不这样认为。在大多数情况下，个体的主观认识比实际状况更能强有力地决定个体的行为。然而，有一些客观环境因素对行为的潜在影响也是不可忽视的。费用就是最强有力的影响因素之一。有研究表明，费用问题是影响锻炼行为的最主要的环境类障碍之一。

1990 年，Sallis 等人的研究发现，费用(例如，免费/有偿使用锻炼器材)和锻炼设施的分布密度(例如，特定空间内所拥有的锻炼设施数量)是两个影响其利用性的关键因素。研究者随机与 2053 名加利福尼亚圣迭哥的居民进行了联络，居民同意提供他们的家庭住所及当地配套的锻炼设施的地址。依据上述信息，研究者对每一个被试周围的锻炼设施的分布密度进行了计算。研究结果显示，被试家周围锻炼设施的分布密度与其锻炼习惯显著相关。Sallis 等人提供了五个可以证明其研究结果有效性的证据：①无论家庭住所与锻炼设施之间的远近如何，锻炼设施分布的密度与锻炼行为参与率之间始终相关；②通过客观程序对锻炼设施分布密度进行了评价，其与锻炼行为的评价相互独立。因此，被试的偏见成分不会影响到分布密度的计算；③年龄、受教育水平、收入水平等对锻炼行为存在潜在影响的因素，在统计分析过程中受到了控制；④使用有偿锻炼设施群体与使用免费锻炼设施群体的结果一致；⑤研究的局限性体现在，选择锻炼设施时存在一定的偏向性。

第六章　促进锻炼行为的手段

正如本书第三章中提到的，不锻炼/保持久坐不动的生活方式已经日益成为发达国家普遍存在的问题。随着人们生活水平的不断提高，这种现象又渐渐呈现出向发展中国家蔓延的趋势。不锻炼，锻炼不充分，本身并不可怕，可怕的是由此引发的一系列严重的公共健康问题。不锻炼已经被认为是导致非传染性疾病、障碍和成千上万可预防性死亡的首要原因。由于不锻炼给人们健康、医疗费用开支以及劳动生产率等方面带来的消极影响，我们就不难理解，为什么越来越多的科学家开始尝试使用不同的方式、方法，试图增加人们的锻炼参与率和提高人们的锻炼水平了。

你或许也接触过类似的方法或手段。例如，你可能在媒体或电视上看到过介绍参加锻炼可能给人们带来益处的节目。你也可能在校园或是健身俱乐部附近收到过宣传参与体育锻炼好处的宣传单或小册子。但是这些方法都奏效吗？在本章中，我们就将介绍和评价用于提高人们锻炼水平的各类不同方法的有效性。

第一节　锻炼干预回顾

有效的锻炼行为干预手段是在使用相关理论和前期研究结果基础之上发展起来的。干预方法本身并不可能直接改变人们的行为方式，但是它可以通过影响一个或多个锻炼行为的决定因素(determinants)，进而影响到锻炼行为本身。例如，假若像几个理论模型(计划行为理论，阶段变化模型)假设的那样，主观感知益处和障碍是影响锻炼行为的重要决定因素的话，干预策略就应当教授人们认可更多的锻炼益处和更少的锻炼障碍。而个体主观感知锻炼益处和障碍的变化预期会对其锻炼行为产生后续的影响效果。在此，有一点值得强调，即以相关理论和前期研究成果为基础发展起来的干预策略，并不一定总像期望的那样有效。但它一定比毫无目的和基础的尝试可靠。

一 干预概述

那么,究竟什么是干预(intervention)呢?干预是为了促进或维持特定个体、人群的特定态度、准则和/或行为,而发展起来的一项技术,处理方式,程序或计划。对干预可以实施效力型检验(efficacy trial)和实效型检验(effectiveness trial)。效力型检验是指实施测试以确定某一干预(一项新的技术、处理方式、程度或计划)在理想条件下被介绍时,能发挥更好的作用。例如,干预的效力型检验会将久坐不动的被试随机分配到锻炼干预组或无锻炼控制组。而相比之下,实效型检验则是指实施测试,以确定某一干预(一项新的技术、处理方式、程度或计划)在现实条件下被介绍时,能发挥更好的作用。例如,给某一上体育课的班级介绍一种体力活动计划,并在一段时间之后,评价接受体力活动计划班级和非接受计划班级在身体自我概念方面可能发生的变化。

直到1990年左右,绝大多数锻炼干预研究都是针对单一性别、种族、受教育水平或健康状况的个体,实施单一维度的干预方法。随后,越来越多证据显示,使用单一的干预方法无法解决所有人群静止不动的问题。2001年,Gauvin等认为,有些理论或技术在影响人们锻炼水平的有效性上有高有低,这或许与它们是否瞄准了不同人群所具有的不同性质有关,如久坐不动的历史,偶尔参加锻炼的历史或是曾经参与过规律性锻炼的历史等。为了进一步说明他们的观点,Gauvin等人举例比较了一个在午饭时间坚持规律性慢跑的个体,和一个试图将锻炼计划纳入日常生活的久坐不动个体的情况。对于前者而言,他(她)所需要的行动是带运动服去工作场所,午饭时间时迅速离开工作场所,慢跑,短暂淋浴,然后迅速返回工作场所。而对于后者而言,他(她)所需要的行动则是爬楼梯而不是使用电梯,在前一个公交站下车走一站路回家以及晚饭后散步等。另外,试图每天坚持一次慢跑的前者,需要在短时间内投入巨大的努力;但是,试图将锻炼计划纳入日常生活的后者,却可以在长时间内投入小部分努力,直到达到中等强度的活动水平。上述两个个体所采取的行动是完全不同的。因此,研究者需要面对的第一个挑战就是:明确被试特定的行为模式。这也是干预的焦点所在。

二 干预的类型

1996年,Dishman和Buckworth对127项使用锻炼干预的研究进行了元分析。研究中所使用的锻炼干预可以分为以下七种类型:行为改变(behavior modification,如强化和刺激控制等),认知行为改变(cognitive behavior modification,如自我监督,自我强化等),健康教育(health education),健康风险评价(health-risk appraisal,如通过测试,为个体提供导致低体适水平的风险因素),锻炼处方(exercise prescription,如建议个体进行中等强度的锻炼),组合型干预(combined interventions,如将上述两种或更多干预类型组合使用),和体育教育课程(physical education curriculum,如在学校传统体育课或是健康课上实施干预)。Dishman 和 Buckworth 发现,行为改变干预在提高锻炼水平方面具有极大的效果量。而其他方法的效果量相对较小(见表 6-1)。

表 6-1　锻炼干预类型和背景特征的影响效果量

干预特征	效果量
干预类型	
• 行为改变	0.92
• 认知行为改变	0.10
• 健康教育/健康风险评价	0.10
• 锻炼处方	0.21
• 体育课	0.21
• 组合型	0.11
干预实施方式	
• 面对面式	0.16
• 中介式	0.91
• 面对面式和中介式	0.10
干预实施背景	
• 家庭	0.08
• 学校	0.21
• 社区	0.82
• 工作场所	0.17
• 健康护理场所	0.24
社会背景	
• 团体	0.75
• 个人	0.16
• 家庭	0.05
干预监督水平	
• 有监督	0.23
• 无监督	0.78

行为改变技术是在斯金纳(Skinner)的操作条件技术(operant conditioning techniques)基础之上发展起来的。操作条件思想认为,每个人所处的环境都存在许多条件,这些条件会引发人们的这个行为或那个行为。例如,马路上的停车标志。它为人们提供了一个停止的信号。因为这些条件在行为发生之前就已存在,因此,我们称这些条件为前因(antecedents)。一旦受到前因的刺激,就会有行为或反应的出现。个体A看见停车标志,随即停车。这个反应被称之为"刺激控制"(stimulus control)。Brownell 等人和 Estabrooks 等人在检验环境提示和锻炼行为关系时所采用的干预(在电梯旁贴海报,给锻炼者发写有锻炼字样的钥匙链)就是基于刺激控制来实现的(参见第五章第三节)。操作条件的最后一个组成部分是反应的结果。而结果被强化时,反应则会反复出现。

同样是上述停车标志的例子,但在两种不同的情景下会有不同的结果发生。

情景1:司机A在十字路口看到停车标志后,随即停了车。这是司机A第一次在马路上看到停车标志,他(她)随即按照交通规则停了车。车停好后,司机A发现横向直行马路上的车流量非常大。避免同横向直行车道上的车辆发生碰撞事故的想法成了强化停车反应的因素。它将确保司机A在下次看见停车标志时迅速停车以保证安全。

情景2:司机B在居住小区附近的一个偏僻十字路口上看见了停车标志。司机B以前也多次看见过此标志,但从未发现对面横向直行车道上有车辆经过的情况。在此情景之下,不存在与停车反应有关的强化因素,但却存在与不停车有关的强化结果,即节省时间、免得麻烦等。因此,停车标志这个前因在此不足以引发停车这个行为。

1986年,Katz 和 Singh 应用刺激控制和强化作用原理,为增加假期期间智力发展迟缓儿童的锻炼行为而进行了一项研究。最初的刺激控制是一张大幅的彩色海报。两周休假期间,它被贴在了运动场的显眼位置。在海报贴出之前,所有老师和学生集合,研究者将海报人物介绍给了老师和学生们,并对整个活动进行了说明。强化则是从不同角度提供的,例如,对于参加体育锻炼的儿童给予口头称赞;活跃的儿童可以成为海报人物俱乐部成员;每日将运动场上的活跃分子拍成照片,制成海报,并贴在运动场上等。研究结果显示,不但参加锻炼儿童的比例大幅增加,而且他们锻炼的时间也延长了近三倍。

也有学者对锻炼干预的类型存在不同看法。2002年,Kahn 等人对所有公开发表的,与锻炼行为干预有关的研究进行了全面综述。对于每一项研究,

他们都明确了据称受到干预策略影响的锻炼行为的决定因素是什么,并以此为基础,将干预策略分为以下四类:

1. 信息型方式(informational approaches):改变人们有关锻炼行为益处和锻炼机会的知识和态度;

2. 行为型方式(behavioral approaches):教授人们成功参与锻炼或维持锻炼行为改变所需的行为管理技能;

3. 社会型方式(social approaches):创造激发和增加行为改变的社会环境;

4. 环境和政策型方式(environmental and policy approaches):改变物理和组织环境,为个体提供更安全、便利和有吸引力的锻炼场所。

图 6-1 展示了四种不同干预方法和它们可能影响到的锻炼行为的决定因素。

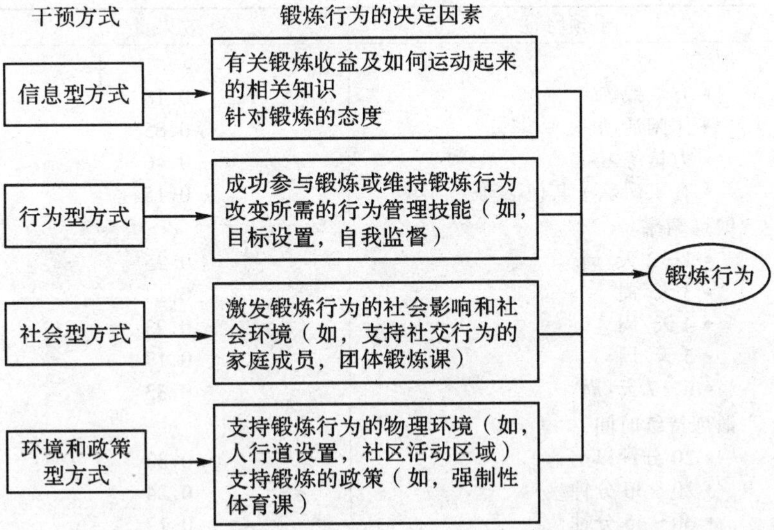

图 6-1　干预方式和锻炼行为决定因素的相互影响

三　干预实施的方式和背景

采用何种方式、背景实施干预也异常重要。事实证明,通过媒介实施的干预,其效果要远好于面对面式的干预。中介干预(mediated interventions)是指那些通过邮件或电话实施的非直接性的干预。而面对面干预(face-to-face interventions)则是面对干预接受者,直接实施的干预。同样,在社区背景下实施下的干预,其效果远比在学校、家庭、工作地点和健康保健场所下实施的要好。团体干预的效果要好于个体干预、家庭式干预。最后，无监督式干预的效果要好于有监督式干预（见表6-1）。

1.剂量和反应（dose-response）

有研究结果证实，干预实施时间的长短与其影响效果无关。即，干预持续实施2周或4周并不重要，因为前者和后者对锻炼行为的影响相同。但是干预对某些锻炼项目的影响更大。1996年，Dishman和Buckworth指出，以休闲活动为目标进行的干预，其效果要好于以力量练习、有氧锻炼或组合锻炼（有氧锻炼+其他活动）为目标而进行的干预（见表6-2）。而随着锻炼频率和持续时间的变化，干预效果量变化并不大。元分析显示，干预对低强度锻炼的影响效果量大于高强度锻炼。这可能是因为人们更喜欢在锻炼行为没有让他们感受到任何压力的情况下去尝试进行。

表6-2 锻炼干预不同特征的影响效果量

干预特征	效果量
锻炼方式	
• 有氧锻炼	0.18
• 休闲活动	0.85
• 力量练习	0.46
• 有氧锻炼+其他活动	0.15
锻炼频率	
• 1～2天/周	0.25
• 3天/周	0.14
• 4天/周	0.23
• 5天/周	0.17
• 6～7天/周	0.33
锻炼持续时间	
• 20分钟以上	0.32
• 20～30分钟	0.24
• 30～45分钟	0.17
• 45～75分钟	0.14
锻炼强度	
• 低于50%有氧能力	0.94
• 50%～70%有氧能力	0.24
• 高于70%有氧能力	0.23
锻炼测量方式	
• 自陈报告式	0.10
• 参与或观察式	0.88
• 生理指标	0.14
• 肌肉力量	0.28

2. 干预的有效性

Dishman 和 Buckworth 在其综述中还指出，锻炼干预通常情况下都较为有效，只是由干预的不同特征会产生不同的影响。他们认为，在行为改变原则基础之上制订的，在社区背景下针对健康人群实施的锻炼干预，都具有极大的效果。特别是干预在针对团体实施，并且使用媒介方式，在无监督情况下，强调休闲或低强度的锻炼，而无关锻炼持续时间和频率时，效果最佳。

3. 干预依据的理论模型

1998 年，Baranowski 及其同事对以第二章所述理论或模型为基础制订的锻炼干预措施的有效性进行了综述。其中有 25 个研究至少使用了一个理论或是模型，作为构建干预措施的基础。而应用最为频繁的是社会认知理论，其次依次是阶段变化模型、社会学习理论（social learning theory）、决定理论（decision theory）、行为管理（behavior management）和防止故态复萌（relapse prevention）。干预实施的持续时间在 5～7 周。

第二节 促进锻炼的信息型干预手段

尽管科学界、政府、教育界和媒体作出了巨大努力，但大多数人仍旧没有认识到锻炼可能带来的收益。他们为什么不重视锻炼？又该如何让他们加入到锻炼中去呢？信息型干预手段主要设计用来，为人们提供激发他们开始锻炼所需的各类信息，以及在短时间内改变行为所需的各类信息。通常情况下，信息型干预手段至少希望达到以下几个目标：

1. 提供有关锻炼收益的信息；
2. 增强体育锻炼的机会意识；
3. 说明克服锻炼障碍的技术和方法；
4. 提供改变有关锻炼的消极态度的方法和策略。

提供信息型干预是期望能够影响个体有关锻炼的认知决定因素，如自我效能、态度和主观行为控制等，进而导致锻炼行为的变化。我们通常使用三种方式以达到信息干预的目的：①大众传媒宣传活动；②社区性活动；③决策提示。

一 大众传媒宣传活动

大众传媒宣传活动是利用媒体而非个人，使健康或锻炼专业人士接触群众的干预手段。它提供了一个在短时间内接触大量人群,并且经济、有效的信息传递方式。而有关锻炼行为的宣传则可以通过多种途径得以实现,例如,播放类媒体(电视或广播)、印刷材料(宣传册或海报)、视听类材料(如,powerpoint 幻灯片、DVD 或录像类信息资料),甚至是因特网。还有一些媒体使用非常简单的信息激发人们参与锻炼,例如,Nike 的宣传口号是“Just Do It!(做吧!)”。还有一些活动散布有关锻炼益处、机会和相关活动的广泛信息。例如,健康加拿大(Health Canada)的“按你的方式动起来”(Get Active Your Way)的活动。此活动不但努力教育人们按照不同年龄的需要,选择适当的锻炼形式和运动量;同时还为新手提供如何开始锻炼的相关信息。

二 社区性活动

社区性活动是指吸引不同社区的成员和相关组织,以传播旨在增加锻炼行为信息的干预手段。除了通过大众传媒渠道传播信息之外,社区性活动也可以通过多种方式以实现信息传递的目的。例如,可以进行:

- 健康风险评价活动。该活动可以为社区居民提供免费进行糖尿病或心脏病检查的机会。而简便的血压测量仪器可以即刻为居民反馈其可能患心血管疾病的风险水平。我们假设,当人们被告知,他(她)患某种疾病的风险正在增加。这个信息可能会激发他(她)改变健康习惯,或开始参与锻炼。
- 体适能水平评价活动。健身俱乐部经常使用信息类干预手段以激发人们购买该俱乐部的健身卡。同健康风险评价活动类似,体适能水平评价活动同样为个体提供了他(她)体适能水平的个人信息。隐藏在这一干预手段背后的原理是,当个体获知其体适能水平低于正常值之后,他(她)可能开始参与锻炼。
- 社区健康大会。这类集会活动也为社区居民提供了一个通过宽松环境,获得保健或锻炼相关知识的机会。集会可以通过宣传册、DVD 放映及面对面咨询等方式传播健康和锻炼信息。

三 决策提示

简单地说,决策提示(point-of-decision prompts)就是在人们必须选择乘电梯或是爬楼梯的地点放置标记,以起到提示或警示作用。例如,在购物中心、火车站、图书馆,或是其他公共场所。这些标记传达了爬楼梯对增进健康和控制体重所具有的积极影响。例如,“帮你心脏一个忙,开始爬楼梯吧!”,“改善你的腰线,走楼梯吧!”等等。这些标记之所以会发生效力,一是因为它再次向人们灌输了走楼梯的健康效益；二是因为它提醒了那些早已希望开始锻炼的人们，现在他们有了一个即刻投入锻炼的机会。

四　如何设计有效的信息型干预策略

确定特定人群，有针对性、有目标的为他们提供信息，是发展有效的信息型干预计划所需的第一步。当人们认为他(她)与这些呈现的信息有关时，他(她)才会愿意花时间去处理这些信息。而这就增加了他们记住或是按信息行动的可能性。在明确接受干预策略影响的特定人群后，我们可以按照 Brawley 和 Olson 及 Zanna 建议的方式去构建信息型干预策略。

首先，信息必须强调对特定人群有意义的、有关锻炼特定的(而非一般性的)、积极的结果。

例如，针对新生产母亲的信息干预策略。如果干预策略强调，锻炼可以实现减轻体重、减压和增加社会交往的话，其有效性将大大高于强调锻炼可以降低患心血管疾病风险，提高体适能水平(上述是参与锻炼的一般性收益，而非特定效果)的干预策略。

其次，信息必须描述，如何将锻炼带来的消极影响最小化。

例如，新生产母亲可能会担心锻炼需要太多的时间，从而使她们长时间远离孩子。那么，信息干预策略就应当说明，母亲可以和她们的孩子一起参加锻炼(如，推着婴儿车散步)。即使锻炼时间持续 20 分钟，这也是难得让她们呼吸新鲜空气，感觉精神振作，恢复活力，以便更好照顾孩子的宝贵休息时间。这种类型的信息可以达到改变主观感知锻炼障碍，进而影响认知(如态度、主观感知锻炼弊端的数量)的目的。

第三，信息必须为锻炼营造社会压力。

信息可以暗示家庭成员、保健医生、社区团体、同事或其他人鼓励锻炼。这类信息可以通过影响主观准则(参见第二章第二节)和内部动机(参见第二章第四节)，进而对锻炼行为本身产生影响。

第四，信息必须凸现影响人们锻炼行为的相关信念。

这一点可以通过解释说明锻炼可以融入日常生活；描述不同类型的锻炼行为；以及教授人们如何确认按其目前的体适能水平，不至于工作过度等形式实现。有很多人认为，要动起来就是要参加高强度的锻炼。但他们可能不但对这类活动缺乏自信，而且也不喜欢。当人们获知中等强度的锻炼也具有许多健康收益时；当他们被教授如何通过检测脉搏和呼吸频率来监督锻炼强度时；这些信息就可能有效地改变两个锻炼的决定因素，即自我效能和主观行为控制。

第五,信息必须简单,但其中必须包含详细介绍如何开始锻炼计划的相关内容。

这些信息可能包含安全、合理的锻炼路线图及一些锻炼后可能获得的小收益。但信息中还应当包含“如何开始锻炼”的内容,以确保人们一旦被激发了锻炼动机,拥有执行、实施这一良好意图的相关知识。

第三节　促进锻炼的行为型干预手段

行为型干预旨在通过教授人们行为技能,以帮助他们开始或维持一项锻炼计划,并最终达到增加锻炼行为的目的。通常情况下,行为技能包括以下几种:①认可锻炼提示和机会的技能;②发展维持锻炼水平策略的技能;③学习去接受和克服可能阻碍锻炼计划实施情况的技能;④发展防止回复静坐不动生活方式策略的技能。

实际上,以上技能都是通过个体咨询或团体咨询等咨询干预方式,由锻炼或健康专家向人们传授的。干预可以依据对象的特征,如锻炼喜好、生理局限、准备程度等加以有针对性的制订。干预期间,干预对象学习各种帮助他们启动和维持锻炼计划的行为技能。这些技能除了可以帮助个体改变行为以外,还可以影响到主观感知锻炼障碍、自我效能和动机水平等锻炼行为的决定因素。下面我们介绍几种常用的行为技能。

一　目标设置

目标设置是一个过程,它包括,评价个体当前的体适能水平;并在此基础之上制订一个有针对性的、可测量的、现实的、具有挑战性的提高体适能水平和锻炼表现的未来目标;制定详细的行动计划以确保实现此目标。有效的目标设置包括几个关键因素:

其一,唯有设置的目标是现实的,并且具有挑战性,它才对个体具有激励作用。目标设置得太过简单,会缺乏激励作用;设置得太难以实现,则会引发失败感、挫折感,最终导致锻炼坚持率极低。

其二,目标需要特别具有针对性。有针对性的、特定行动目的(例如,我的目标是在以后6个月中,每周坚持锻炼三次)的目标,其效果总是优于仅有一般性行动目的(例如,我的目标是尽可能长时间的坚持锻炼计划)的目标。因为有针对性的目标提供了一个详细的,更容易量化和评价的行动标准。

其三,目标设置干预应当包括制订达到目标的行动计划。尽管很多人经常为自己设定锻炼目标,但却总是没有实现目标所需的行动计划。例如,我们总是习惯在新年来临之际下决心要锻炼,但我们却从没有制订过专门的、详细的行动计划。图 6-2 是一张目标设置工作表,它不但为锻炼者提供了制订详细锻炼计划的空间,同时也为锻炼者记录日常进步情况提供了可能。依据这张表所提供的反馈信息,可能帮助锻炼者判断,他(她)是在接近自己的目标,还是远离自己的目标,并对目标进行及时的调整。

锻炼目标设置工作表
目标设置时间:07/4/1　　计划目标实现时间:08/3/31
目标:减轻8斤体重
实现目标的行动计划:(1)每天晚饭后快走一公里;
(2)每周完成固定自行车运动30分钟,并达到70%的最大心率。
日常进步情况:
(1)07/5/8 晚饭后完成快走。今日无固定自行车运动。体重仍无变化;
(2)07/6/1 今天只完成了20分钟固定自行车运动,运动强度达到80%最大心率。体重较锻炼开始前减轻半斤。
……

图 6-2 锻炼目标设置工作表

目标设置干预对于刚刚开始参与锻炼的个体来说尤为重要。这是因为,与锻炼有关的"代价"(例如时间花费、肌肉酸痛、疲劳等)会在开始锻炼即刻或是不久就被深刻体会到。而与锻炼有关的收益(如提高体适能水平、改善外表等)却要在坚持锻炼一段时间之后才能显现或被感受到。这无疑将严重影响到锻炼者的锻炼动机水平、情绪和对锻炼的态度等。因此,我们建议,锻炼者可以将长期锻炼计划分为几个短期计划和中期计划。这不但有助于锻炼者在最终达到锻炼目标之前,保持一定的锻炼动机;同时,对于克服消极情绪、态度的出现,以及增强达到目标的自信心水平也大有裨益。例如,对于图 6-2 中减轻 8 斤体重的目标。我们可以将短期目标定为 1~2 个月内减掉 0.5 公斤;中期目标定为半年内减掉 2~2.5 公斤。

二 自我监督

自我监督(self-nonitoring)可以被简单地认为是为了达到某一标准而关注自身思想、情绪和行为的过程。我们可以从以下两点执行对锻炼行为的自我监督。

第一,监督锻炼的强度变化。RPE(参见第三章第二节)是人们通常使用的锻炼强度监督手段之一。由瑞典科学家 Borg 提出的主观努力程度评价量表——RPE,是锻炼者依据在锻炼过程中主观感受到的努力程度,对锻炼强度进行主观评价的方法(见图 6-3)。主观努力程度由“6”变化到“20”,每个数字乘以 10 将大致等于个体在锻炼过程中的某一时刻或是锻炼结束后即刻的心率变化水平。例如,当我们要求个体 A 依据当前的锻炼努力程度,在 RPE 最能代表其状态的数值上画圈时,他(她)选择了 14。依据 RPE 理论,我们大致可以推测他(她)目前是在 140 跳/分心率情况下进行锻炼。尽管使用 RPE 这种方法准确表示锻炼者心率变化的能力值得怀疑,但它无疑是目前主观评价个体锻炼努力程度的可靠的、有效的方式之一。另外,在训练锻炼者熟练掌握 RPE 的使用方法之后,我们还可以使用一个确定的 RPE 数据,而不是一个 RPE 的变化范围来指定锻炼者的锻炼强度。

6	根本不费力
7	些微努力
8	
9	稍许努力
10	
11	轻微努力
12	
13	有点努力
14	
15	努力
16	
17	非常努力
18	
19	极度努力
20	最大极限努力

图 6-3 主观努力程度评价量表——RPE

通常情况下,刚刚开始参加锻炼的个体应当避免高强度运动。当你在锻炼后即刻体验到肌肉酸痛、疲劳或受伤时,无人可以确保你一定能够将锻炼坚持下去。而上述体验也可能起到降低自我效能感,增加对锻炼消极认识的作用。因此,为了避免上述消极体验的出现,新手应当在一个相对较低的锻炼强度下起步,并通过学习自我监督方法(例如,如何测心率和呼吸频率),了解和调控自己的锻炼强度。这对增加锻炼者对自身锻炼行为的主观控制感,防止过度锻炼和损伤非常有益。

第二,通过记录“锻炼日记”,监督自己的锻炼行为。一个典型的锻炼日记应当包括以下几项内容:每次完成某一锻炼任务(如力量练习、慢跑、游泳等)

的持续时间；个体在完成这一特定锻炼任务时的表现（如力量练习的重量、慢跑的距离、游泳的持续时间等）；主观情绪反应及努力程度等（见图 6-4）。当记录锻炼日记成为习惯后，它将成为锻炼者增加自我效能感的一个重要来源（为个体提供了掌握效能感的信息）。

锻炼日期	锻炼形式	完成时间／距离／重量	心率	情绪状况	其他
4／1	慢跑	20分钟	156	良好	
4／3	慢跑	20分钟	154	一般	
4／4	休息				
4／6	力量练习	10公斤／15组	165	良好	
4／7	休息				
4／9	游泳	1000米	145	良好	
4／12	慢跑	25分钟	160	疲劳感	
……					

图 6-4　锻炼日记

三　防止故态回复

故态回复（relapse）通常是指个体没能继续规律性的锻炼，出现了锻炼行为退步（lapse）的现象。故态回复一词最早是用来描述戒烟、戒酒者，在戒断过程中出现复吸或是回复旧态现象的。虽然在锻炼期间出现阶段性的退步可能是无法避免的，但退步可以最终导致个体回复到静坐不动的生活方式中去。因此，我们有必要关注这一现象。

1984 年，在 Marlatt 和 Gordon 提出的故态回复防止模型（the relapse prevention model）中，故态回复是由一些高风险情景引发的。而这些情况将严峻挑战个体维持其锻炼水平，坚持锻炼计划的能力。如图 6-5 所示，个体对高风险情景的应对反应直接影响了模型的走向。当个体出现消极应对反应时，将导致：①锻炼自我效能下降；②对省去锻炼可能出现的积极结果（如，有更多的时间去完成研究计划），表示出预期；③引发锻炼行为退步。当最初的退步引发锻炼者相信，行为改变的希望就此消失，整个锻炼计划可能就此中止的话，就会发生被称之为“戒断阻抗效应”（abstinence violation effect）的现象。该效应伴随着典型的消极情绪反应，例如，内疚感和羞耻感，以及自责感等。而这些反应反过来又将加剧故态回复的可能性。相反，当个体对高风险情景表现出积极应对反应时，则将出现自我效能增加，故态回复可能性减小的结果。

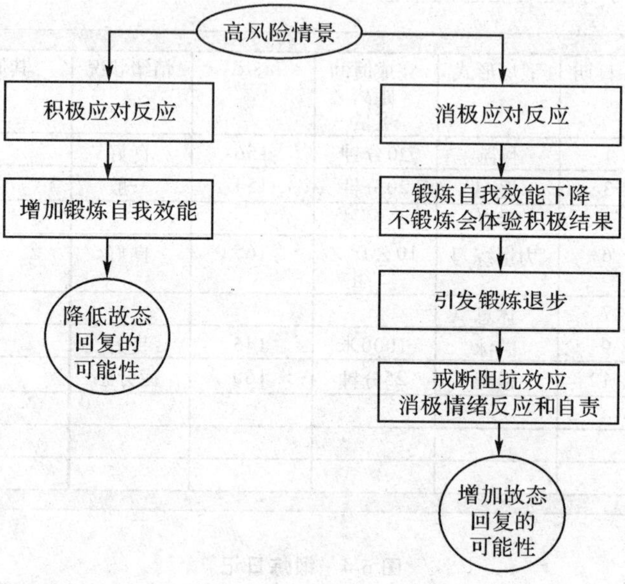

图 6-5　故态回复模型

对于刚刚起步的锻炼者来说，应该尽量做好自我监督工作。这不但可以考验他们，同时也可以防止退步现象的出现。明确高风险的思想、情绪反应和情景，也将有助于防止故态回复。高风险的思想包括：担心自己没有足够的时间去参与锻炼或者出现锻炼的替代选择（如静坐会友被认为是比锻炼更具吸引力）。高风险的情绪包括：自己太过疲劳以至于无法锻炼或是认为锻炼无趣、无聊。高风险情景主要包括：假期中远离通常的锻炼场所或者经历长时间的坏天气等。当锻炼者明确上述思想、情绪反应或是情景不利于锻炼坚持时，个体能够尝试回避或是制定策略应对上述状况的话，这样就不至于影响到未来的锻炼行为了。例如，假期中的学生，由于运动场地的限制，可能无法从事篮球、网球等运动，但可以以慢跑、骑自行车等行为替代。当恶劣天气使锻炼者无法外出进行锻炼时，可以选择在家中跟随录像带跳健身操或是进行一定的柔韧性练习等。寻找应对高风险情景的策略有助于增加锻炼者的自我效能和主观行为控制感。

当然有些高风险情景可能无法克服，而这些情况将不可避免地引发锻炼行为退步。锻炼者可以通过培养自我效能感，在退步出现后，有意识地回复到锻炼计划中去，这样就可以防止完全故态回复的出现了。例如，可以寻找社会支持力量，在你出现退步的情况下，可以帮助你回复到“原来的轨道”上去。

第四节　促进锻炼的社会型干预手段

社会型干预策略主要是帮助锻炼者营造社会环境，以支持其坚持锻炼行为(在第五章中，我们已经详细介绍了相关内容)。社会型干预就是认识到了社会因素对人们锻炼习惯存在的重要影响作用，营造新的社会环境或网络，以确保人们能够保持锻炼方式。

社会型干预手段较多，大部分都简单易行，有些甚至不需要任何花费，也不需要专业人士的咨询或指导。下面我们简单介绍组建锻炼群体或伙伴系统，学习寻找帮助，以及使用团体支持系统等三种方法。

一　组建锻炼群体或伙伴系统

或许最基本的社会型干预手段就是和他人一起锻炼。锻炼者通常因为同伴的存在而受到影响和激励。因为喜欢团体提供的社会支持以及团体构成，大多数人更倾向于选择和团体一起锻炼。个体可以通过多种方式组建锻炼团体，例如，家庭成员、同事、社区居民等。而类似散步、慢跑、有氧锻炼以及自行车等锻炼项目都可以由团体成员来共同实施。

还有一些个体会选择一到两个伙伴共同参与锻炼。锻炼伙伴可以为彼此提供多种形式的社会支持。不但在锻炼过程中，双方可以相互激励和干扰对方；在锻炼间歇期间，一方也可能需要另一方的帮助去克服懒惰思想，增加自信心。拥有锻炼伙伴的个体通常报告说，他们很少会遗漏或错过锻炼，因为他们知道，自己的伙伴会因此而受到影响，而这是他们不希望看到的。

二　学习寻找帮助

很多人因为需要请求别人的帮助而感到不适，一是因为害怕遭到拒绝；二是因为他们将寻找帮助的行为看作软弱的表现。尽管人人时时都需要帮助，但大部分人会因为充当帮助给予者的角色而感觉良好。对于参与锻炼而言，社会型干预应当鼓励锻炼者去寻求帮助，这些帮助可以来源于切实保障锻炼者获得各类支持的朋友、家庭成员或配偶等。当需要帮助的时候,锻炼者可以公开、坦诚地解释,他们为什么希望保持锻炼的生活方式,为什么得到对方的支持非常重要等。更为重要的是,锻炼者需要有针对性地明确,他们到底需要什么样的帮助。例如,在锻炼的一个小时期间,帮助他(她)照看孩子;鼓励他(她)达到短期锻炼目标等。

三　使用团体支持系统

使用社会型干预策略加强社会网络联系,增加锻炼团体内部成员间的相互支持。例如,可以组织锻炼者面对面的交流普遍存在的锻炼障碍,锻炼团体成员可以分享他们成功克服锻炼障碍的方法或是失败的经验。这种交流可以让锻炼者认为,他们不是在单独地面对各种不利影响,而是可以和团体成员一起去寻找解决问题的方法和途径。锻炼团体成员还可以通过电话、邮件等方式定期监督他人的锻炼进展情况,并通过组织其他文娱活动等来增强彼此之间的联系和理解。

第五节　促进锻炼的环境和政策型干预手段

我们讨论改变人们的思想、情绪反应和行为以增加锻炼的干预方式。而这些干预策略成功与否则取决于人们是否参与到干预中来,是否阅读相关的干预资料,是否接受锻炼咨询,以及是否成功应用干预信息、技能和方式到他们的日常生活中去。尽管有许多干预策略被研究证明是有效的,但它的影响作用却非常有限。这是因为,干预只有对接受和应用它们的个体才可能起作用。干预是基于只要拥有足够的知识和充分的动机,人人都能参与到锻炼中来的假设而进行的。但遗憾的是,事实并非如此。有些因素超出了个体的可控范围,例如,锻炼器材、设施不足;周边环境不安全等。这些因素将影响个体的锻炼行为,而无论其锻炼相关知识和动机水平有多少。

鉴于上述情况,我们不仅需要关注旨在改变个体思想、情绪、行为和社会环境的干预策略,更应当关注将焦点直接指向改变全民实施锻炼的组织性和政策性大环境上来。因此,本节将讨论增加锻炼行为的环境和政策型干预手段。

环境和政策型干预手段是设计用来为全民锻炼提供环境支持和政策支持的策略。干预策略并不直接指向单一的个体,而是指向锻炼行为的社会生态决定模型(social ecological determinants model)中提到的各社会组织系统和机构(见图 6-6)。干预策略可以包括社会的不同组成部分,如政策制定者、工作单位、社区组织等,以实现提高全民锻炼水平的目标。类似策略可以包括以下几种:

1. 制订相应交通政策,改变基础交通格局,限定自行车和人行专用道,以转变人、车混行的危险局面。

2. 新的城建规划项目中,应考虑促进居民参与锻炼的因素。

3. 合理修订相关政策和学校体育课的课程设置。

4. 制造和增加人们接近锻炼设施和场所的途径。

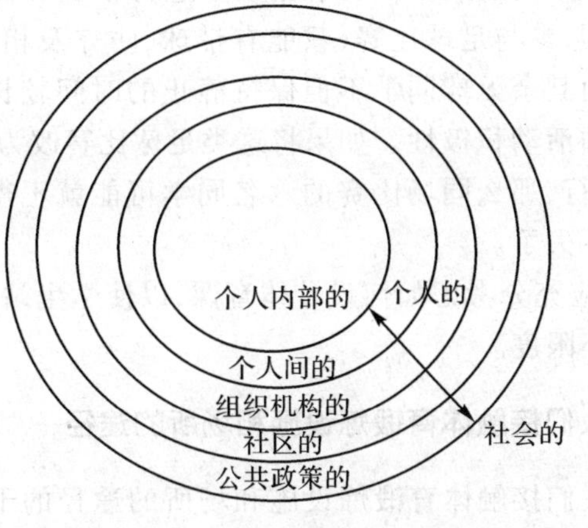

图 6-6　锻炼的社会生态环境

上述策略中的第一项和第二项,无论是在实施还是评价过程中都存在周期长、难度大的问题,因此,到目前为止,尚无相关的研究结果可以证明它们的可行性和有效性。在此,我们将把关注点放在后两种策略之上,讨论如何通过修改政策和学校体育课程,以及制造和增加人们接近锻炼设施和场所的途径,来使更多的普通群众运动起来。

一　修订政策和学校体育课的课程设置

对于处在儿童及青少年期的孩子来说,学校体育课(physical education classes, PE)是提高他们体力活动水平的最主要途径。然而不幸的是,尽管我国已将九年制义务教育过程中的《体育与健康》课程设置为必修课,但孩子们在体育课期间,保持静止不动的时间仍旧呈现上升趋势。迫于繁重的学业负担和空前激烈的升学压力,《体育与健康课》在孩子们的心中又有多高的重要程度呢？2002 年,Kahn 及其同事就旨在修订体育课程和相关政策,以增加学生进行中等和高强度锻炼时间的干预策略进行了综述。干预策略可以从以下几方面入手：

1. 增加每周体育课的数量,并延长课时时间。

2. 开设能够充分吸引对上体育课不感兴趣的学生,能够重新回到体育课堂中来的新型课程。例如,学生可能对传统的竞技项目,如体操和田径不感兴趣;而更喜欢包括力量练习、有氧健美操等内容在内的无竞技性、体适能增强型项目。学校可以考虑开设包含上述项目在内的新型体育课程。

3. 改变体育课的活动形式,以增加学生进行中等和高强度锻炼的时间。例如,如果全班一起参与足球比赛,只能有带球、防守及相关的数名同学一度处在运动当中。而其余无球同学不但保持静止的时间较长,而且抢不到球就很难调动起他们的活动积极性。如果将这类足球比赛改为小场地的三人制足球赛,多组同时进行,那么同场比赛的六名同学可能就不得不积极运动起来,以确保自家球门不失了。

4. 体育教师应充分考虑如何设计体育课,以使学生站立听讲解和看示范的时间缩短到最小限度。

二　制造和增加人们接触体育锻炼设施和场所的途径

制造和增加人们接触体育锻炼设施和场所的途径的干预策略,通常依赖于社会不同实体间的大力协作,例如,政策制定者、学校领导,工作单位、当地的健身俱乐部或相关机构,以及市政当局等。上述实体通过共同努力可以改变当地的锻炼环境,并增加人们参与体育锻炼的机会。这些努力可能包括:建设包括锻炼设施在内的新型社区、步行专用道路,设置工作单位固定工间操时间等。还可以进行增加现有体育锻炼设施和场地使用效率的努力。例如,学校现有体育设施在周末和晚间向社会免费开放;政策制定者和市政当局可以联手合作,增加公园和体育场地周边的安全性;降低相关体育设施使用的价格等。

参考文献

英文部分：

1. *ACSM's Guidelines for Exercise Testing and Prescription* (*6th edition*). Lippincott Williams & Wilkins, 2000.
2. Adams, J., & White, M. "Are Activity Promotion Interventions Based on the Transtheoretical Model Affective? A Critical Review." *British Journal of Sports and Medicine*, 2003, (37), 106 – 114.
3. Adams, J., & Kirkby, R. "Exercise Dependence: A Problem for Sports Physiotherapists." *Australian Journal of Physiotherapy*, 1997, (43), 53 – 58.
4. Ajzen, I. *Constructing a TPB Questionnaire*: *Conceptual and Methodological Considerations*. Ajzen's homepage, revised in 2006.
5. Alfermann, D., & Stoll, O. "Effects of Physical Exercise on Self-concept and Well-being." *International Journal of Sport Psychology*, 2000, 47 – 65.
6. Altabe, M., & Thompson, J.K. "Body Image: A Cognitive Self-schema Construct?" *Cognitive Therapy and Research*, 1996, (20), 173 – 195.
7. *American Obesity Association*. *AOA fact sheet*, 2005. www.obesity.org/subs/factfacts/aoafactsheets.shtml.
8. An ISSP Position Stand. *Physical Activity and Psychological Benefits*. 2004.
9. Armstrong, C.A., Sallis, J.E., & Hovell, M.F. et al. "Stages of Change, Self-efficacy, and the Adoption of Vigorous Exercise: A Prospective Analysis." *Journal of Sport and Exercise Psychology*, 1993, (15), 390 – 402.
10. Baldwin, M.K., & Courneya, K.S. "Exercise and Self-esteem in Breast Cancer Survivors: An Application of the Exercise and Self-esteem Model." *Journal of Sport and Exercise Psychology*, 1997, (19), 347 – 358.
11. Bandura, A. *Self-efficacy*: *The Exercise of Control*. W.H. Freeman and

Company, New York. 1997.

12. Baranowski, T., Anderson, C., & Carmack, C. "Mediating Variable Frameworks in Physical Activity Interventions: How Are We Doing? How Might We Do Better?" *American Journal of Preventive Medicine*, 1998, (15), 266-297.

13. Biddle, S. H., & Nigg, C. R. "Theories of Exercise Behavior." *International Journal of Sport Psychology*, 2000, (31), 290-304.

14. Biddle, S., Goudas, M., & Page, A. "Social-psychological Predictors of Self-reported Actual and Intended Physical Activity in a University Workforce Sample." *British Journal of Sport Medicine*, 1994, (28), 160-163.

15. Booth, M. L., Owen, N., & Bauman, A. et al. "Social-cognitive and Perceived Environment Influences Associated With Physical Activity in Older Australians." *Preventive Medicine*, 2000, (31), 15-22.

16. Burkworth, J., & Dishman, R. K. *Exercise Psychology*. Human Kinetics, 2002.

17. Callaghan, P., Eves, F. F., Norman, P. et al. "Appling the Transtheoretical Model of Change to Exercise in Young Chinese People." *British Journal of Health psychology*, 2002, (7), 267-282.

18. Cardinal, B. J. "Extended Stage Model for Physical Activity Behavior." *Journal of Human Movement Sciences*, 1999, (37), 37-54.

19. Cardinal, B. J., Tuominen, K. J., Rintala, P. "Cross-cultural Comparison of American and Finnish College Students' Exercise Behavior Using Transtheoretical Model Constructs." *Research Quarterly for Exercise and Sport*, 2004, 75(1), 92-101.

20. Carron, A. V., Hausenblas, H. A., & Estabrooks, P. A. *The Psychology of Physical Activity*. McGraw Hill, 2003.

21. Carron, A. V., Hausenblas, H., & Mack, D. A. "Social Influence and Exercise: A Meta Analysis." *Journal of Sport and Exercise Psychology*, 1996, (18), 1-16.

22. Carron, A. V., Brawley, L. R., & Widmeyer, W. N. "The Measurement of Cohensiveness in Sport Groups." In J. L. Duda (Ed), *Advances in Sport and Exercise Psychology Measurement*. Morgantown, WV: Fitness

Information Technology. 1998.

23. Carron, A. V. "Group Size in Sport and Physical Activity: Social Psychological and Performance Consequences." *International Journal of Sport Psychology*, 1990, (21), 286 – 304.

24. Cash, T. F., & Labarge, A. S. "Development of the Appearance Schemas Inventory: A New Cognitive Body-image Assessment." *Cognitive Therapy and Research*, 1996, (20), 37 – 50.

25. Cash, T. F. Winstead, B. A., & Janda, L. H. "The Great American Shape-up." *Psychology Today*, 1986, 20(4), 30 – 37.

26. Chatzisarantis, N. LD., Biddle, S. J. H, & Meek, G. A. "A Self-determination Theory Approach to the Study of Intentions and the Intention-behavior Relationship in Children's Physical Activity." *British Journal of Health Psychology*, 1997, (2), 343 – 360.

27. Cohen, S., Kamarck, T., & Mermelstein, R. "A Global Measure of Perceived Stress." *Journal of Health and Social Behavior*, 1983, (24), 385 – 396.

28. Courneya, K. S., McAuley, E. "Are There Different Determinants of the Frequency, Intensity, and Duration of Physical Activity?" *Behavioral Medicine*, 1994, (20), 84 – 90.

29. Courneya, K. S., & Friedenreich, C. M. "Determinants of Exercise During Colorectal Cancer Treatment: An Application of the Theory of Planned Behavior." *Oncology Nursing Forum*, 1997, (24), 1715 – 1723.

30. Courneya, K. S., Friedenreich, C. M., & Arthur, K. et al. "Understanding Exercise Motivation in Colorectal Cancer Patients: A Prospective Study Using the Theory of Planned Behavior." *Rehabilitation Psychology*, 1999, (44), 68 – 84.

31. Courneya, K. S. "Perceived Severity of the Consequences of Physical Inactivity Across the Stages of Change in Older Adults." *Journal of Sport and Exercise Psychology*, 1995b, (17), 447 – 457.

32. Courneya, K. S., Nigg, C. R., Estabrooks, P. A. "Relationships Among the Theory of Planned Behavior, Stages of Change, and Exercise Behavior in Older Persons Over a Three Year Period." *Psychology and Health*, 1998, (13), 355 – 367.

33. Courneya, K. S., & Bobick, T. M. "Integrating the Theory of Planned Behavior With the Processes and Stages of Change in the Exercise Domain." *Psychology of Sport and Exercise*, 2000, (1), 41 - 56.

34. Courneya, K. S., & Hellsten, L. M. "Personality Correlates of Exercise Behavior, Motives, Barriers and Preferences: An Application of the Five-factor Model." *Personality and Individual Differences*, 1998, (24), 625 - 633.

35. Courneya, K. S., Bobick, T. M., & Schinke, R. J. "Does the Theory of Planned Behavior Mediate the Relation Between Personality and Exercise Behavior?" *Basic and Applied Social Psychology*, 1999, (21), 317 - 324.

36. Courneya, K. S. "Cohesion Correlates with Affect in Structured Exercise Classes." *Perceptual and Motor Skills*, 1995, (81), 1021 - 1022.

37. Courneya, K. S., & McAuley, E. "Cognitive Mediators of the Social Influence-exercise Adherence Relationship: A Test of the Theory of Planned Behavior." *Journal of Behavioral Medicine*, 1995, 18(5), 499 - 515.

38. Crews, D. J., & Landers, D. M. "A Meta-analysis Review of Aerobic Fitness and Reactivity to Psychosocial Stressors." *Medicine & Science in Sports and Exercise*, 1987, (19), 114 - 120.

39. Davis, C. Exercise Abuse. *International Journal of Sport Psychology*, 2000, (31), 278 - 289.

40. Davision, K. K, Cutting, T. M., & Birch, L. L. "Parents' Activity-related Parenting Practices Predict Girls' Physical Activity." *Medicine & Science in Sports and Exercise*, 2003, (35), 1589 - 1595.

41. Deci, E. L. "On the Nature and Functions of Motivation Theories." *Psychological Science*, 1992, (3), 167 - 171.

42. Deci, E. L., & Ryan, R. M. *Intrinsic Motivation and Self-determination in Human Behavior*. New York: Plenum, 1985.

43. DiClemente, C. C., Prochaska, J. O., Velicer, W. E. et al. "The Process of Smoking Cessation: An Analysis of Precontemplation, Contemplation, and Preparation States of Change." *Journal of Consulting and Clinical Psychology*, 1991, (9), 295 - 304.

44. DiLorenzo, T. M., Bargman, E. P., & Stucky-Ropp, R. et al. "Long-term Effects of Aerobic Exercise on Psychological Outcomes." *Preventive*

Medicine, 1999,(28),75－85.

45. Dishman, R.K., Sallis, J.E., & Orenstein, D.M. "The Determinants of Physical Activity and Exercise." *Public Health Reports*, 1985, (100), 158－171.
46. Dishman, R. K., & Buckworth, J. "Increasing Physical Activity: A Quantitative Synthesis." *Medicine & Science in Sport and Exercise*, 1996, (28),706－719.
47. Ducharme, K. A., & Brawley, L. R. "Predicting the Intensity and Duration of Exercise Initiates Using Two Forms of Self-efficacy." *Journal of Behavioral Medicine*, 1995, (18),479－497.
48. Duncan, T.E., Duncan, S.C., & McAuley, E. "The Role of Domain and Gender-specific Provisions of Social Relations in Adherence to a Prescribed Exercise Regimen." *Journal of Sport and Exercise Psychology*, 1993, (15),220－231.
49. Ekkekakis, P., & Petruzzello, S.J. "Analysis of the Affect Measurement Conundrum in Exercise Psychology. I. Fundamental issues." *Psychology of Sport and Exercise*, 2000,(1),71－88.
50. Ekkekakis, P., & Petruzzello, S.J. "Acute Aerobic Exercise and Affect: Current Status, Problems and Prospects Regarding Dose-response." *Sports Medicine*, 1999, (28),337－374.
51. Estabrooks, P. A., & Carron, A. V. "The Physical Activity Group Environment Questionnaire: An Instrument for the Assessment of Cohesion in Exercise Classes." *Group Dynamics*, 2000, (4),230－243.
52. Estabrooks, P.A., & Carron, A.V. "The Influence of The Group With Elderly Exercisers." *Small Group Research*, 1999, 30(4),438－452.
53. Estabrooks, P.A., Courneya, K.S., & Nigg, C.R. "Effect of a Stimulus Control Intervention on Attendance at a University Fitness Center." *Behavior Modification*, 1996, (20),202－215.
54. Etnier, J.L., Salazar, W., & Landers, D.M. et al. "The Influence of Physical Fitness and Exercise Upon Cognition Functioning: A Meta-analysis." *Journal of Sport and Exercise Psychology*, 1997, (19),249－277.
55. Fallon, E.A., & Hausenblas, H.A. "Transtheoretical Model of Behavior

Change: Does the Termination Stage Really Exist?" *Journal of Human Movement Studies*, 2001,(40), 465－479.

56. Fox, K. R., & Corbin, C. B. "The Physical Self-perception Profile: Development and Preliminary Validation." *Journal of Sport and Exercise Psychology*, 1989,(11),408－430.
57. Fox, K. R., & Dirkin, G. R. "Psychosocial Predictors and Outcomes of Exercise in Patients Attending Multidisciplinary Obesity Treatment." *International Journal of Obesity*,1992,(16),84.
58. Fox, K. R. "Self-esteem, Self-perceptions, and Exercise." *International Journal of Sport Psychology*, 2000,(31),228－240.
59. Fox, L. D., Rejeski, W. J., & Gauvin, L. "Effects of Leadership Style and Group Dynamics on Enjoyment of Physical Activity." *American Journal of Health Promotion*, 2000,(14),277－283.
60. Friedman, H. S., & Booth-Kewley, S. "Personality, Type A Behavior, and Coronary Heart Disease: The Role of Emotional Expression." *Journal of Personality and Social Psychology*, 1987, (53),783－792.
61. Garner, D. M. "The 1997 Body Image Survey Results." *Psychology Today*, 1997, (30), 30－41.
62. Godin, G., Cox, M. H., Shepherd, R. J. "The Impact of Physical Fitness Valuation on Behavioral Intentions Toward Regular Exercise." *Canadian Journal of Applied Sport Sciences*, 1984, (8),240－245.
63. Gorely, T., & Gordon, S. "An Examination of the Transtheoretical Model and Exercise Behavior in Older Adults." *Journal of Sport and Exercise Psychology*, 1995, (17),312－324.
64. Hardy, C. J., & Rejeski, W. J. "Not What, But How One Feels: The Measurement of Affect During Exercise." *Journal of Sport and Exercise Psychology*, 1989,(11),304－317.
65. Hausenblas, H. A., Carron, A. V., & Mack, D. E. "Application of the Theories of Reasoned Action and Planned Behavior: A Meta Analysis." *Journal of Sports and Exercise Psychology*, 1997, 19(1), 47－62.
66. Hausenblas, H. A., Nigg, C. R., Dannecher, E. A. et al. "A Missing Piece of the Transtheoretical Model Applied to Exercise: Development and Validation of the Temptation to Not Exercise Scale." *Psychology and*

Health, 2001, (16), 381 – 390.

67. Hausenblas, H. A., & Symons Downs, N. "How Much is Too Much? The Development and Validation of the Exercise Dependence Scale." *Psychology and Health*, 2002, 17(4), 387 – 404.

68. Hausenblas, H. A., & Symons Downs, N. "Exercise Dependence: A Systematic Review." *Psychology of Sport and Exercise*, 2002, 3(2), 89 – 123.

69. *Healthy People* 2000 (*Final Review*), 2001. www.cdc.gov/nchs/data/hp2000/

70. *Healthy People* 2010(*Midcourse Review*), 2007. www.healthypeople.gov/Data/midcourse/

71. Hughes, J. R. "Psychological Effects of Habitual Aerobic Exercise: A Critical Review." *Preventive Medicine*, 1984, (13), 66 – 78.

72. Ingledew, D., Markland, D., & Medley, A. R. "Exercise Motives and Stages of Change." *Journal of Health Psychology*, 1998, (3), 477 – 489.

73. Janz, J., & Becker, M. "The Health Belief Model: A Decade Later." *Health Education Quarterly*, 1984, (11), 1 – 47.

74. Kahn, E. B., Ramsey, L. T., & Brownson, R. E. et al. "The Effectiveness of Interventions to Increase Physical Activity. A Systematic Review." *American Journal of Preventive Medicine*, 2002, 22 (suppl), 73 – 107.

75. Leslie, E., Owen, N., & Salmon, J. et al. "Insufficiently Active Australian College Students: Perceived Personal, Social and Environmental Influences." *Preventive Medicine*, 1999, (28), 20 – 27.

76. Lux, C. L., Martin Ginis, K. A., & Petruzzello, S. J. *The Psychology of Exercise: Integrating Theory and Practice* (*2nd edition*). Holcomb Hathaway Publishers, 2006.

77. Marcus, B. H., Banspach, S. W., Lefebvre, J. S et al. "Using the Stages of Change Model to Increase the Adoption of Physical Activity among Community Participants." *American Journal of Health Promotion*, 1992, (6), 424 – 429.

78. Marcus, B. H., Selby, V. C., & Niaura, R. S. et al. "Self-efficacy and the Stages of Exercise Behavior Change." *Research Quarterly for Exercise*

and Sport, 1992, (63),60－66.

79. Marcus, B. H., Pinto. B. M., & Simkin, L. R. et al. "Application of Transtheoretical Models to Exercise Behavior among Employed Women." *American Journal of Health Promotion*, 1994, 9(1),49－55.

80. Marcus, B. H., Selby, V. C., Niaura, R. S., & Rossi, J. S. "Self-efficacy and the Stage of Exercise Behavior Change." *Research Quarterly for Exercise and Sport*, 1992, 63(1),60－66.

81. Marcus, B. H., Rossi, J. S., Selby, V. C. et al. "The Stages and Processes of Exercise Adoption and Maintenance in a Worksite Sample." *Health Psychology*, 1992, (11),386－395.

82. Marcus, H. "Self-schemata and Information about the Self." *Journal of Personality and Social Psychology*, 1977,(35),63－78.

83. Markland, D., & Hardy, L. "The Exercise Motivation Inventory: Preliminary Development and Validity of a Mmeasure of Individuals' Reasons for Participation in Regular Physical Exercise." *Personality and Individual Differences*, 1993, (15),289－296.

84. Markland, D., & Ingledew, D. K. "The Measurement of Exercise Motives: Factorial Validity and Invariance across Gender of a Revised Exercise Motivation Inventory." *British Journal of Health Psychology*, 1997, (2),361－376.

85. Markland, D., & Tobin, V. J. "A Modification of the Behavioral Regulation in Exercise Questionnaire to Include an Assessment of Amotivation." *Journal of Sport and Exercise Psychology*, 2004, (26), 191－196.

86. Marsh, H. W., & Redmayne, R. S. "A Multidimensional Physical Self-concept and its Relations to Multiple Components of Physical Fitness." *Journal of Sport and Exercise Psychology*, 1994,(16),43－55.

87. McAuley, E., & Mihalko, S. L. "Measuring Exercise-related Self-efficacy." In J. L. Duda(Ed), *Advances in Sport and Exercise Psychology Measurement*. Morgantown, WV: Fitness In formation Technology, 1998.

88. McAuley, E., Bane, S. M., & Mihalko, S. L. "Exercise in Middle-aged Adults: Self-efficacy and Self-presentational Outcomes." *Preventive*

Medicine, 1995, (24),319－328.

89. McAuley, E. "Self-efficacy and the Maintenance of Exercise Participation in Older Adults." *Journal of Behavioral Medicine*, 1993, (16),103－113.

90. McAuley, E., & Courneya, K. S. "The Subjective Exercise Experiences Scale (SEES): Development and Preliminary Validation." *Journal of Sport and Exercise Psychology*, 1994, (16),163－177.

91. McAuley, E., Mihalko, S. L., & Bane, S. M. "Exercise and Self-esteem in Middle-aged Adults: Multidimensional Relationships and Physical Fitness and Self-efficacy Influences." *Journal of Behavioral Medicine*, 1997, (20),67－83.

92. Moretti, M. M., & Higgins, E. T. "Relating Self-discrepancy to Self-esteem: The Contribution of Discrepancy Beyond Actual-self Ratings." *Journal of Experimental Social Psychology*,1990, (26),108－123.

93. National Center for Health Statistics. *Health United States*, 2005. Washington, DC: US. Government Printing Office.

94. Nigg, C. R., & Courneya, K. S. "Transtheoretical Model: Examining Adolescent Exercise Behaviors." *Journal of Adolescent Health*, 1998, (22),214－224.

95. Parfitt, G., Markland, D., & Holmes, C. "Responses to Physical Exertion in Active and Inactive Males and Females." *Journal of Sport and Exercise Psychology*, 1994, (16),178－186.

96. Pate, R. R., Pratt, M., & Hyde, R. T. et al. "Physical Activity and Public Health." *Journal of the American Medical Association*, 1995, (273),402－407.

97. Plotnikoff, R. C., Blanchard, C., Hotz, S. B., & Rhodes, R. "Validation of the Decisional Balance Scales in the Exercise Domain from the Transtheoretical Model: A Longitudinal Test." *Measurement in Physical Education and Exercise Science*, 2001, 5(4),191－206.

98. Raglin, J. S., Turner, P. E., & Eksten, F. "State Anxiety and Blood Pressure Following 30 min of Leg Ergometry or Weight Training." *Medicine & Science in Sports and Exercise*,1993, (25),1044－1048.

99. Rejeski, W. J., & Brawley, L. R. "Defining the Boundaries of Sport Psychology." *The Sport Psychologist*, 1988, (2),231－242.

100. Rejeski, W.J., Best, D.L., Griffith, P. et al. "Sex-role Orientation and the Responses of Men to Exercise Stress." *Research Quarterly for Exercise and Sport*, 1987, (58), 260 – 264.

101. Russell, W.D. "Comparison of Self-esteem, Body Satisfaction, and Social Physique Anxiety across Males of Different Exercise Frequency and Racial Background." *Journal of Sport Behavior*, 2002, (25), 74 – 90.

102. Sallis, J. M., Prochaska, J. J., & Taylor, W. C. et al. "Correlates of Physical Activity in a National Sample of Girls and Boys in Grades 4 through 12." *Health Psychology*, 1999, (18), 410 – 415.

103. Sallis, J.F., Johnson, M.F., Calfas, K.J. et al. "Assessing Perceived Physical Environmental Variables that may Influence Physical Activity." *Research Quarterly for Exercise and Sport*, 1997, (68), 345 – 351.

104. Sallis, J.E., Hovell, M.F., & Hofstetter, C.R. et al. "Distance between Homes and Exercise Facilities Related to Frequency of Exercise among San Diego Residents." *Public Health Reports*, 1990, (105), 179 – 185.

105. Sheldon, K.M., Elliot, A.J., & Kim, Y. et al. "What's Satisfying about Satisfying Events? Comparing Ten Candidate Psychological Needs." *Journal of Personality and Social Psycholog*, 2001, (80), 325 – 339.

106. Singer, R.N., Hausenblas, H.A., & Janelle, C.M. *Handbook of Sport Psychology* (*2nd edition*). John Wiley & Sons. Inc, 2001.

107. Slade, P. D. "What is Body Image?" *Behavior Research and Therapy*, 1994, (32), 497 – 502.

108. Spencer, L., Adams, T. B., & Malone, S. et al. "Appling the Transtheoretical Model to Exercise: A Systematic and Comprehensive Review of the Literature." *Health Promotion Practice*, 2006, 7 (4), 428 – 443.

109. Spence, J.C., McGannon, K.R., & Poon, P. "The Effect of Exercise on Global Self-esteem: A Quantitative Review." *Journal of Sport and Exercise Psychology*, 2005, (27), 311 – 334.

110. Spink, K.S., & Carron, A.V. "Group Cohesion and Adherence in Exercise Classes." *Journal of Sport and Exercise Psychology*, 1992, (14), 78 – 86.

111. Spink, K. S., & Carron, A. V. "The Effect of Team Building on the Adherence Patterns of Female Exercise Participants." *Journal of Sport and Exercise Psychology*, 1993, (15), 39 - 49.

112. Thompson, M.A., & Gray, J.J. "Development and Validation of a New Body Assessment Scale." *Journal of Personality Assessment*, 1995, 64 (2), 263.

113. Treasure, D.C., Lox, C.L., Lawton, B.R. "Determinants of Physical Activity in a Sedentary, Obese Female Population." *Journal of Sport and Exercise Psychology*, 1998, (20), 218 - 224.

114. Tucker, L.A., & Mortell, R. "Comparison of the Effects of Walking and Weight Training Programs on Body Image in Middle-aged Women: An Experimental Study." *American Journal of Health Promotion*, 1993, (8), 34 - 42.

115. United States Department of Health & Human Services. "Physical Activity and Fitness". *In Healthy People* 2010. www.health.gov/healthypeople/document/html/volume2/22physical.htm.

116. U.S Department of Health & Human Services. *Physical Activity and Health: A Report of the Surgeon General*. 1999.

117. US Department of Health & Human Services. *Physical Activity and Health: A Report of the Surgeon General*. 1996.

118. Vallerand, R.J., Deci, E.L., & Ryan, R.M. "Intrinsic Motivation in Sport." *Exercise and Sport Science Reviews*, 1987, (15), 389 - 425.

119. Veale, D. "Exercise Dependence." *British Journal of Addiction*, 1987, (82), 735 - 740.

120. Watson, D., & Tellegen, A. "Toward a Consensual Structure of Mood." *Psychological Bulletin*, 1985, (98), 219 - 235.

121. Willis, J.D., & Campbell, L.F. *Exercise Psychology*. Champaign, IL: Human Kinetics. 1992.

中文部分：

1. 教育部、国家体育总局关于实施《国家学生体质健康标准》的通知. 教体艺〔2007〕8号.

2. 第二次国民体质监测公报.

3. 仇军.中国体育人口的理论探索与实证研究. 北京:北京体育大学出版社,2002.
4. 彭聃龄. 普通心理学. 北京:北京师范大学出版社,1988.
5. 教育部、国家体育总局、共青团中央关于开展全国亿万学生阳光体育运动的决定. 教体艺〔2006〕6 号.
6. 教育部关于印发《全国学生体质健康监测网络工作实施方案》的通知. 教体艺〔2002〕1 号.
7. 教育部办公厅、国家体育总局办公厅、共青团中央办公厅关于开展“全国学生体质健康标准推广活动”的通知. 教体艺〔2003〕2 号.
8. 教育部、国家体育总局、卫生部、国家民委、科技部关于印发《2005 年全国学生体质健康调研实施方案》的通知. 教体艺〔2004〕8 号.
9. F·D·沃林斯基. 健康社会学. 北京:社会科学文献出版社,1992.
10. 许军. 健康评价. 国外医学社会医学分册,1999,16(1):1-3.
11. 教育部关于印发义务教育阶段体育与健康、音乐、美术三科教学大纲(试用修订版)的通知. 教体艺〔2000〕6 号.
12. 马勇占.体育教师教学效能感量表的建构. 体育科学,2005,25(3):47-51.
13. 孙拥军,刘岩,吴秀峰.大学生《身体自我效能量表》的初步修订——自我效能实践测量操作中的分歧. 体育科学,2005,25(3):81-84.
14. 阳媛媛.竞技运动中运动员的自我效能感及其培养. 北京体育大学学报,2005,28(7):916-918.
15. 钱建龙,耿耀国,白宏炎,等.自我效能理论与体育教学.武汉体育学院学报,1995,(3):62-66.
16. 张伟霞.试析体育教学中学生自我效能感的培养. 体育学刊,1998,(4):93-94.
17. 张桂梅.高校武术教学提高学生自我效能感的实验研究. 上海体育学院学报,2006,30(2):96-100.
18. 刘向阳.学生自我效能感的培养在足球教学中的应用. 沈阳体育学院学报,2005,24(2):81-83.
19. 李京诚.合理行为、计划行为与社会认知理论预测身体锻炼行为的比较研究.天津体育学院学报,1999,14(2):14-16.
20. 白文飞.锻炼行为阶段改变模式理论的综述. 首都体育学院学报,2006,18(3):46-48.

21. 程小虎,卢标,张凯.对大学生锻炼行为阶段性特点的调查研究. 体育与科学,1998,19(2):55－58.
22. 段艳平,蔺志华,崔德刚.考察影响锻炼行为改变的调节变量——一项促进大学生身体活动的干预研究. 体育科学,2005,25(11):22－25.
23. 方敏,孙影,赵俊红.青少年锻炼行为的阶段变化模化研究. 中国公共卫生,2006,22(8):902－603.
24. 许亮文,杨廷忠,马海燕,等.对杭州市社区居民锻炼行为的干预效果观察. 中国运动医学杂志,2004,23(3):313－315.
25. 司琦.影响大学生锻炼行为阶段变化的各心理因素间的路径分析. 体育科学,2006,26(8):29－32.
26. 司琦.大学生锻炼行为的阶段变化与心理因素研究. 体育科学,2005,25(12):76－83.
27. 熊明生.锻炼健康信念模型及其研究评述.湖北体育科技,2004,23(3):323－324.
28. 卢元镇.体育社会学.北京:高等教育出版社,2002.80－90.
29. 肖焕禹,方立.体育人口的国际比较研究.体育科研,2004,25(3):1－5.
30. 彭聃龄.普通心理学.北京:北京师范大学出版社.2007.
31. 寇彧,唐玲玲.心境对亲社会行为的影响.北京师范大学学院(社会科学版),2004,(5):44－49.
32. 王建平,林文娟,陈仲庚,等.简明心境量表(POMS)在中国的试用报告.心理学报,2000,32(1):110－114.
33. 张卫东,刁静,Schick.正、负性情绪的跨文化心理测量:PANAS维度结构检验.心理科学,2004,27(1):77－79.
34. 田录梅,李双.自尊概念辨析.心理学探新,2005,(2):26－29.
35. 刘凤娥,黄希庭.自我概念的多维度多层次模型研究述评.心理学动态,2001,(2):136－140.
36. 曾向,黄希庭.国外关于身体自我的研究.心理学动态,2001,1:41－46.
37. 张力为.身体自我与主观幸福.北京体育大学学报,2007,8:1011－1015.
38. 徐霞,姚家新.大学生身体自尊量表的修订与检验.体育科学,2001,(2):78－81.
39. 邢淑芬,俞国良.社会比较研究的现状与发展趋势.心理科学进展,2005,13(1):78－84.
40. 邹智敏,王登峰.应激的缓冲器:人格坚韧性.心理科学进展,2007,15(2):

241－248.
41. 李永鑫,侯祎.倦怠、应激和抑郁.心理科学,2005,28(4):972－974.
42. 王玮文,邵枫,林文娟.不同时程应激对大鼠行为、免疫和交感神经系统反应的影响.心理学报,2007,39(2):292－298.
43. 张警吁,王二平.军事单位团队凝聚力的理论研究及应用.心理科学进展,2006,14(2):199－203.

后　记

1997年参加研究生入学考试的时候,我才第一次接触到了“锻炼心理学”这个新的专业方向。那时的我还不知道,自己本科时所学的“运动心理学”和现在这个所谓的“锻炼心理学”之间究竟有什么样的区别?光阴荏苒,一晃10年过去了,当我完成研究生阶段的学习,在博士阶段再次选定“锻炼心理学”作为自己的专业方向,并不断深入这门学科时,我才渐渐认识到了它的魅力和价值所在。

现在,当有人问起我的专业是什么,而我的回答是“锻炼心理学”时,仍有超过九成的人会进一步问我:“锻炼心理学究竟是研究什么的科学呢?”我解释说,大家所熟知的运动心理学,是以专业运动员为研究对象,为保持和提高他们的专项运动成绩服务。国家《奥运争光计划纲要》的实施和推进,进一步促进了运动心理学在国内的推广、发展和运用。而锻炼心理学,则是以普通群众为研究对象,为解决他们与体育锻炼相关的心理、社会、保健和行为问题服务,并进一步促进和提高他们的健康水平、生活质量。《全民健身计划纲要》的实施和推进,有助于提升国人对锻炼心理学的认识,并进一步促进锻炼心理学在国内的推广、发展和运用。

这样的解释有时还不能完全消除提问者对锻炼心理学的好奇。“那么,进行体育锻炼还需要什么科学吗?”“锻炼过程中会有什么心理问题出现呢?”他们还会继续问类似的问题。反复的介绍,反复的回答,反复的疑问和不理解促生了我写《锻炼心理学》这部书的念头。这个念头在心里存在了近两年的时间,在这两年期间,我有幸为浙江大学本科生开设了“健康心理与健康行为”导论课,并为教育学院体育学系的本科生开设了“锻炼心理学”课。在准备这两门课的过程中,我所能参阅的书籍和文献几乎全是来自西方的英文文献。在为我系本科生开课的过程中,还使用了全英文教材。课后,学生对我说:“司老师,锻炼心理学真的是一门很有意思并值得学习的课程。它对我们走上工作岗位,解决实际问题有很多益处。可是全英文教材让我们学习起来很吃力。如果有中文教材,学习可能会达到事半功倍的效果。”听到学生这些质朴而恳切的话语,我的心灵震撼了。为了使更多的普通人能够认识、接受并运用锻炼心理学的相关知识,参与体育锻炼,提高健康水平,改善生活质量,撰写《锻炼心理学》这部书的想法在我心中更坚定了。

查阅了国内相关大学及院系开设锻炼心理学课程的情况后,我发现,目前国内仅有武汉体育学院为应用心理学(运动心理学)专业方向的本科生开设“体育锻炼心理学”课程,其他社会体育、体育健康教育等专业方向仅讲授“体育休闲学”等课程。我深切感受到,不但专业体育院系的学生需要《锻炼心理学》这部专业书籍,在2008年北京举办奥运会,全民对体育的认识发生深刻变化的社会大背景下,普通群众也需要了解与锻炼相关的专业知识。我虽才疏学浅,但愿意做一个引领大家进入锻炼心理学知识天地的人。

写书的过程虽很艰苦,但它也是一个异常值得回忆的快乐过程。愿读者与我共同分享这份快乐。鉴于笔者学识有限,不妥之处,敬请赐教。

司　琦

2008年2月2日于浙大西溪

图书在版编目（CIP）数据

锻炼心理学 / 司琦编著. —杭州：浙江大学出版社，2008.8(2018.7 重印)
ISBN 978-7-308-06127-8

Ⅰ. 锻… Ⅱ. 司… Ⅲ. 体育锻炼—关系—心理卫生
Ⅳ. G806 R395.6

中国版本图书馆 CIP 数据核字（2008）第 113039 号

锻炼心理学

司 琦 编著

责任编辑 吴伟伟 weiweiwu@zju. edu. cn
封面设计 刘依群
出版发行 浙江大学出版社
（杭州市天目山路 148 号 邮政编码 310007）
（网址：http://www. zjupress. com）
排　　版 杭州中大图文设计有限公司
印　　刷 杭州杭新印务有限公司
开　　本 787mm×960mm 1/16
印　　张 11.5
字　　数 200 千
版 印 次 2008 年 8 月第 1 版 2018 年 7 月第 4 次印刷
书　　号 ISBN 978-7-308-06127-8
定　　价 20.00 元
